女の運命は髪で変わる

佐藤友美

サンマーク出版

はじめに

日本人女性の7割は、髪で損をしています。

そう言われたら、あなたは驚くかもしれません。けれども、15年間ファッション誌の撮影をディレクションし、何万人もの読者の変身企画に関わってきた私は、確信をもって言えます。

女性の印象は髪で決まります。メイクを変えるより、服を買うより、ダイエットをするより、話し方講座に通うより、**あなたの印象を決めるのは、実は、髪です。**

でも、残念なことに、日本ではその髪の優先順位が低い女性が多く、髪で損をしている人がたくさんいるのです。

「女の印象は髪で決まる」と言われても、ピンとこない気持ちはわかります。「たかが髪」と思う人もいるでしょう。なにしろ、私自身がそうでしたから。

すっぴんで人前に出るなんてありえない、服はある程度流行を意識して……と思っていても、髪に関しては「寝グセさえついてなきゃいいや」と思っていたクチです。仕事さえできれば生きていける。髪なんて、一番ラクなのがいいと思っていたので物心ついたときからずっとショートヘア。洗ったら洗いっぱなし。ドライヤーすら持っていなくて、つき合い始めた彼氏にドン引きされたくらいのズボラ女でした。

そんな私が、「え？　女性にとって一番重要なのは髪なの？」と思ったのは、今から15年前。25歳でファッション誌のライターに転職したときのことです。

そこで私は、ファッション誌に関わるプロの誰もが**「女性がきれいになりたいと思ったら、最初に手をつけるべきは、髪」**と考えている衝撃の事実を知りました。

たとえばファッション誌の編集長は、新人モデルをまず美容院に送り込みます。髪が決まらなければ、服も似合わないし、メイクも映えない。そう思っているから、「まずは髪を整えてきて」と新人モデルに言うのです。

最初に髪があって、次に服とメイク。ファッション業界の先端にいる人たちですら、髪が一番大事と思っていることは、驚きでした。

髪が大事なのは、モデルだけではありません。

予約がとれないことで有名なパーソナルスタイリストさんも、顧客に対して「まずは髪を変えましょう。そうしたらもっとおしゃれに見えますよ」と美容院に同行しています。

肌トラブルの駆け込み寺として知られる著名な皮膚科の女医さんですら「肌も大事だけれど、モテるためには、まず、髪」と言い切っていますし、ダイエットの誌面を作っているチーフは「2~3キロ程度だと写真にその差は映らない。それより、髪をいじったほうがよっぽどやせて見えるよね」と言います。

髪って、そこまですごいのか……。がぜんヘアスタイルに興味がわいた私は、「できるだけヘアページの企画をやらせてほしい」といろんな編集部にお願いしました。

そして髪の力に魅せられた私は、2年後にはヘアページだけを専門に作る、**日本初の「ヘアライター」**になりました。

あれから、15年――。

私が撮影ディレクションをしてきたヘアスタイルは、数にして4万人ぶん。現場では、1人あたり50カットから200カットくらいの写真を撮影します。撮ったヘアスタイルをすぐ画面でチェックして、美容師さんに髪を直してもらってはまた撮り、どの角度が一番きれいに見えるかを判断して、最終的に1枚を選び、誌面を作る。これが私の仕事です。

美容の聖地といわれる表参道近辺の美容師さんとの撮影はもちろんのこと、北海道から沖縄まで、47都道府県すべての美容師さんと仕事をし、女性がもっともきれいに見えるヘアスタイルについて一緒に考えてきました。

下は3歳児から上は80代まで、日本で一番、女性のヘアスタイル写真を見ているのが、私だと思います。

私は、美容師免許は持っていませんし、ハサミもアイロンも使えません。けれども15年間、くる日もくる日もヘアスタイルのビフォアとアフターを見つづけてきた結果、私は門前の小僧のようになりました。

どこの髪をどれくらい動かせば、やせて見えるか、若く見えるか、仕事ができるように見えるか、セクシーに見えるか、清楚《せいそ》に見えるか……etc.が、わかるようになってきたのです。

今では、本職の美容師さんがヘアデザインを勉強するための本を出させていただいたり、スタイリング剤の商品開発のお手伝いをしたり、美容院でどんなカウンセリングやスタイル提案をするといいかといったセミナーも全国各地でさせていただくまでになりました。

私たちが想像している以上に、人の印象は髪に左右されています。

高価な美容液で肌をケアするよりも、前髪の分け目を5ミリずらすほうが、ぐんと若く見えます。

3キロダイエットするよりも、もみあげの手前の毛を下ろす位置を変えたほうが、断然やせて見えます。

何十万円もするブランドバッグを買うよりも、後頭部に1分カーラーをあててボリュームを出したほうが、よっぽど品よくお金持ちに見えます。

上司に信頼されず昇進できないと悩んでいる女性の多くは、キューティクルがめくれてしまっています。

モテたい、もっと若く見せたい、もっと細く見せたい、仕事ができると認められたい、人から嫌われたくない……。**そういった女性の願いのほとんどは、ほんの少し髪を変えるだけで、叶います。**たった5分、いえ、３分でもいいのです。髪のことを知り、その触り方を変えるだけで、あなたの人生は「自分がなりたい自分」に近づいていきます。

この本では、私が15年の間に教えてもらった、「なりたい自分になるための、髪の触り方と動かし方」（けれども、ハサミもアイロンも使えない私でもできること）を伝えたいと思います。

必ずしも、髪を切ったり染めたりしなくても大丈夫です。毎日髪を巻いたりアレンジしたりする必要もありません。髪の影響力はとても強いので、ほんの少しスタイリングを変えるだけでも印象が激変するからです。でも、もちろん、髪を切ったり染めたりしたら、さらに大きな変化が訪れます。

女の顔を100点満点で評価するとしたら、その内訳は、顔（メイク）が50点、髪が50点です。

生まれつき美人でメイクがばっちりで50点とっていても、髪が手入れされていなくて0点であれば、総合50点。

逆に、顔のパーツに自信がなくて30点であったとしても、髪が美しく50点であれば、総合80点。

人は、その総合得点で、その女性の印象を判断します。

世の中の「美人オーラ」をまとっている人たちは、そのことをよく知っているので、絶対に髪に手を抜きません。日本以外の国、とくにアメリカやヨーロッパの女性もそれをよく知っているので、メイクは日焼け止めにマスカラだけの女性も、髪だけは時間をかけてセットします。

日本人の7割が髪で損をしているのは、この「顔と髪で100点満点の法則」に気づいている人が少ないからです。
髪に対しての意識をほんのちょっと変えるだけで、髪の触り方をほんのちょっと変えるだけで、突然あなたの総合得点はあがります。顔のパーツに自信がなくても、髪で満点をとれるようになったら、それに気づいていない人たちを全員ごぼう抜きして、一発逆転することもできます。

髪は顔に比べてすぐに見た目が変わります。
見た目が変われば、人からの扱われ方が変わりますし、髪に引っ張られて、性格まで変わっていきます。性格が変われば運命が変わります。ここまでてっとり早く、自分の人生を変えることができるのは、髪をおいてほかにはありません。

そんな髪のお話を、させていただきます。

この本を読んでくださる皆さんが、髪を美しく見せるほんの少しのコツを実践し、鏡の中に、自分でも知らなかった新しい自分を見つけてくださったら、これ以上嬉しいことはありません。

女の運命は髪で変わる

目次

第2章

髪はほぼ、人格

第3章

髪はほぼ、色気

第4章

髪はほぼ、年齢

ブックデザイン　轡田昭彦＋坪井朋子
カバー写真　©Takahiro Igarashi/Image Source/amanaimages
イラスト　つぼゆり
校正　梅村このみ
編集　綿谷翔（サンマーク出版）

第1章

髪はほぼ、顔

第一印象のほとんどは、顔で決まるというのは、過去のいろんな研究でいわれているとおりです。でも、その「顔」の印象は、どのパーツで決まるのでしょうか。

目？　それとも鼻？　唇？　眉が重要という人もいますね。もちろん、そのどれもが間違いではありません。ただ、ここで多くの人が見落としている、顔の中で最も広い面積を占めているパーツについて考えてみましょう。

そう、髪、です。

多くの女性は、「顔と髪は別もの」と考えています。

でも、美人オーラをまとっている女性は、「髪は顔の一部」と考えています。というよりも、**髪は顔の一部であるどころか、「髪はほぼ、顔」**とさえ思っています。彼女たちは、髪をぞんざいにしている女性はきれいに見えない、とわかっているので、髪に手をかけるのです。

そして、髪は顔についているパーツの中で、唯一、メスを使わずに好き勝手に切り刻めるパーツです。**つまり最も簡単に「整形」できるのが髪なのです。**これをうまく使わない手はありません。

ここでは、「顔」の印象を、「髪」でどう操作するのか。

その**「見た目コントロール」**の方法をお伝えしていきます。

美人のオーラは髪に宿る

❋ 勝ちたいのは超接近戦？　それとも……

先ほど女性の顔は100点満点で、50点が顔のパーツや肌。もう50点が髪、とお話ししました。意外かもしれませんが、**日本以外のほとんどの国ではこれは常識です。**

日本の女性はスキンケアにお金をかけ、毛穴のないキメの細かい肌を目指します。世界で一番肌がきれいなのが日本女性ともいわれます。

すっぴんで街を歩く女性も、日本ではほとんどいません。メイクへの意識の高さは、ピカイチです。

でも、ちょっと想像してみてほしいのですが、一日に会う人のほとんどは、あなたの毛穴が見えるほどの至近距離には入ってきません。その距離であなたを見つめてくれるのは、彼氏やパートナーくらい、ですよね。

そして、**人があなたを見ている角度は、ほとんど正面ではありません。**あなたが最も見られているのは、斜め45度や、横顔や、後ろ姿です。

横顔なんて、見える面積の7割は髪です。後ろ姿にいたっては、10割髪です。さらに、5メートル離れた距離では、顔やパーツよりもシルエットや雰囲気しか見えませんから、あなたの印象はほぼ髪で決まります。

つまり、**超接近戦なら「肌」ですが、それ以外なら「髪」**です。

※ 美人は顔の造作よりもむしろ雰囲気

しかも、今、言ったように、日本人女性はスキンケアやメイクに関しては多くの人が努力をしていて平均点も高いです。50点満点中40点くらいでしょうか。みんなの平均点が高いメイクでは、ほとんど差をつけようがありません。

だからこそ、髪が大事です。

髪の重要性を知っている人は、きれいに見えます。髪はメイクにくらべて平均点が低いので、そこで差がつくし、そこに伸びしろがあります。

世の中で「あの人は美人」「あの人はきれい」といわれる女性をよくよく観察すると、本当に生まれつき顔のパーツが整っていて非の打ち所のない人は、それほど多くありません。

私は仕事がら、読者モデルといわれる人たちや、「美人すぎる◯◯」といわれる女性たちにもよく会いますが、彼女たちが、世の中の普通の女性たちに比べて圧倒的に顔のパーツが整っているかというと、そういうわけでもありません。

ではなぜ彼女たちはきれいに見えるのでしょうか。

それは、**彼女たちが、髪で点数を稼いでいるから**です。

彼女たちは、美人とは顔のパーツのきれいさで決まるのではなく、もっと漠然とした（斜め45度や、5メートル先からでもわかる）「雰囲気」が大事であることをよく知っていて、その**なんだか「美人っぽい雰囲気」を作るのに重要なのが、髪**であることも、ちゃんとわかっています。

さらに、人の「記憶」に残るのも圧倒的に髪です。

週3で合コンをくり返してきたある男性からこんな話を聞きました。「合コン後に男だけで話をしているときって、みんな髪型の記憶だけで会話しているんですよ。『ほら、お前の前の席の黒髪の子』、とか、『ショートカットの子がいたよね』とか。みんなヘアスタイルで女の子のことを思い出しているんです」と。

あなたの第一印象を決めているのは、髪です。**あなたが不在のときに思い出されるのも、髪です。**それを知って、髪を大切にできる人は、美人のオーラを身につけることができます。

ポイント

× 美人は「顔」で決まる

◎ 美人は「髪」で決まる

髪なら、ブスでも褒められる

美人の話をしたので、ブスの話もさせてください。私の話です。

私は物心ついてからずっとクラスの男子に「ブス、ブス」と言われて育ち、親戚《しんせき》には「あんたは器量が悪いのだから、一生結婚できなくても食べていけるように手に職をつけなさい」と言われるほど残念な容貌《ようぼう》でした。

学生時代は、テニスプレイヤーとしてプロを目指していたこともあり、髪は邪魔にならないように、猿のようなショートカット。女子トイレに入っていたら「ここ、女子トイレですよ」と注意をされるくらい、女に見えない見た目でした。

そんな私が、会社員を経てライターになり、なんの因果かファッション誌のヘアページを担当することになったのです。まわりはおしゃれな「キラキラ女子」ばかり。私だけあきらかに浮いています。

それでも「ブサイクな私が見た目に気を使ってるなんて、逆に恥ずかしい」みたいな変な自意識過剰ぶりで、いま思うと、あの頃の私はそうとうこじらせていました。

あれは多分、ファッション誌のライターになって半年くらいたった25歳のときだと思います。

そのころ私はヘアページを何度か担当し「髪の影響力ってすごいかも」と思うようになっていました。

そこで、今まで何もしゃべらず爆睡しているだけだった美容院で、初めて「こんな髪型にしたいんです」と雑誌の切り抜き写真を渡してみたのです。

切り終わったあとの私の髪は、なんだかいつもよりちょっといいような気がして、少し気分があがりました。

その数日後、私の人生を変える出来事が起こります。

仕事でお会いしたある美容師さんが私の髪を見るなり言ってくれたんです。「あ、その髪、すごく似合っていてかわいいですね！」って。

「か、か、か、かわいい？？？？？？？？？？？」

25歳になって生まれて初めて言われた「かわいい」に、私は半ばパニックで舞い上がってしまい、多分、かかとが3センチくらい宙に浮いたと思う。

家に帰ってからも「かわいいって言われた！」「私（の髪）、かわいいって言われた！」と何度も思い返してにやにやしていました。ちょっと大げさに思いますか？でも、この気持ちは「生まれつき美人」には絶対にわからないと思う！

❋ブスでも「髪で満点」はとれる

初めての「かわいい」をきっかけに、私は「髪だけは、どんなにブスでも褒めてもらえるんだ！」と、勇気をもらいました。そして、それからは、顔はともかく、髪だけは大事にしようと思うようになり、どんなに忙しくても2か月に1回、美容院に通うようになりました。

するとと不思議なことに、仕事もプライベートも突然順調にすべり出したのです。

「私なんか」が口癖だったのが、少しずつ自信が持てるようになったからでしょうか。

未経験で飛び込んだライターの世界だったにもかかわらず、どんどん仕事を紹介していただき、気づくと雑誌で連載を持たせていただいたり、全国で講演をさせてもらうようになったり、編集長を任せてもらえるようになりました。そのどれもが、あの日、「髪、かわいいですね」と言われ、自分に自信を持てるようになったことがきっかけになっています。

私の例をお話ししましたが、実は、こういった話は毎週のように読者の人たちから聞く話です。

髪は、顔と関係なく、褒めてもらえるパーツです。しかも、髪の配点は高いので（100点中50点）、髪に引っ張られるように全体の得点もあがっていきます。見た目に自信がない人ほど、髪で人生を変えることができます。

ポイント

× ブスは一生ブスのまま

◎ ブスでも髪は褒めてもらえる
髪をきっかけに人生を変えることができる

毛先の20センチよりも、前髪の1センチ

❋女の顔は、前髪で決まる

顔の印象に最も影響するのは、顔まわりの毛です。なかでも、**一番重要なのは前髪**です。

以前、私の友人が、フラダンスのために10年間伸ばしていた髪を20センチ近くばっさり切りました。そして同じタイミングで前髪もほんの少し、1センチほどカットしました。

次の日、出社した彼女は会社の同僚たちに「なんか、雰囲気が変わったね……。あ、そうか、前髪を切ったのか！」と口々に言われてずっこけたそうです。一念発起して20センチも切った毛先のことは誰にも気づかれず、たった1センチ切っただけの前髪のことはみんな気づいている……。

これは実はよくある話です。人は、**前髪や顔まわりの毛はほんの少し変わるだけで**

その変化に気づくのですが、毛先はどれだけ変わっても、ほとんど気づきません。相手が男性であればなおさらです。

こんなこともありました。

１００人の美容師さんたちを前に、同じモデルの異なるヘアスタイルの２枚の写真を見せて「どこが違うと思いますか？」と聞く実験をしたのです。

最初の２枚は、アイロンで毛先を縦に巻いた「Ｉラインのスタイル」と、横に巻いた「Ａラインのスタイル」を並べました。「違いがわかる人？」と聞いたとき、全員の手があがるまでに７〜８秒程度かかりました。

次の２枚は、前髪を６：４分けにしたスタイルと、７：３分けにしたスタイルを並べました。こちらは、写真を出した瞬間に全員が手をあげ「前髪の分け目が違う」と答えました。

プロの美容師さんでさえ、毛先の巻き方の違い（シルエットも全然違ったのに！）よりも、前髪のほんの少しの分け目の違いに目がいくのです。まして素人ならなおさらです。

ですから、**髪を変えたことを気づかれたいのであれば、まず、前髪を変えましょう。**

髪を切らないまでも、分け目を変えるだけでも雰囲気が変わります。

※大きな目のほうを出すと両目とも大きく見える

目を大きく見せたいときも、分け目を変える方法が使えます。人の目は左右の大きさが違うものですが、**私がおすすめするのは、大きな目のほうをしっかり見せる分け方です。**

たとえば右目が大きいのであれば、右目のほうに分け目を作って右目をはっきり見せ、左目のほうに毛を流して隠し気味にします。すると右目の印象のほうが強くなるので、左目も同じくらい大きく見えます。

私の友人も、大きな目のほうを見せる分け目に変えた写真をFacebookにアップした瞬間「すっごくきれい！」と「いいね」が殺到しました。誰も分け目のせいとは気づいていませんでしたが、なんだか「いつもよりきれい！」と反応したのです。これは前髪で顔の印象を変えられるいい例です。

普段、センターパート（真ん中分け）にすることが多い人なら、あえて思いっ切り8：2や9：1くらいのサイドパート（横分け）にしてみてください。真面目な印象が、驚くほど女性らしく、色っぽくなります。和装のときの女性が色っぽく見えるのは、和装では髪を横分けにするからです。この横分けを、普段の生活にも取り入れてみましょう。

普段前髪をまっすぐ下ろしている人が、少しだけ毛先をブローして斜めにカーブさせるだけでもずいぶん、表情が変わります。6：4分けの人が7：3分けにするだけでも違います。それくらい、前髪の影響力は強いものです。

時間があるとき、鏡に向かっていろんな前髪を試してみてください。今まで知らなかった自分に出会えるはずです。

ポイント

✕ ヘアスタイルの印象は「長さ」で決まる
◎ ヘアスタイルの印象は「前髪」で決まる

髪は形状記憶合金でいい

メイクを落としても、ブラを外してパンツを脱いで裸になっても、髪は24時間365日、私たちとともにあるものです。

髪は、クレンジングで落とせないメイクのようなものです。
髪は、365日脱げない服のようなものです。

髪は鏡を見たら、必ず毎回目に入ってきます。嫌でも毎日向き合わなくてはいけません。

「今日は髪が決まらないから憂鬱《ゆううつ》」と思って家を出た日は、朝からテンションも低くなります。視線も伏し目がちになるし、人と話をするのもおっくうになるし、ましてや「今日だけは憧《あこが》れの人に会いたくない」と思ったりするでしょう。

そう考えると「決まらない髪型」って、伝線したパンストみたいですね。今すぐ履き替えたい、できることなら誰にも気づかれたくない。そんな気持ちになるやっかいなものです。そんな日が365日のうち、何日もあったら、それだけで大事な出会いやチャンスを逃してしまいます。

❋ 髪はワンパターンでもいい

では、毎日つき合わなくてはいけない髪に、ストレスを感じず、自分がアガる髪を手に入れるのにはどうすればいいのでしょうか。

答えはひとつです。**どんなときでも自分が自信を持てる「定型」の髪をひとつ手に入れること。**たったひとつで十分です。

多くの人が「アレンジがきく髪がいい」と思っていますが、それは誤解です。**アレンジなんて、ぶっちゃけできなくても大丈夫**です。

いえ、確かに、毎日違う髪型をして、TPOに合わせて雰囲気を変えている女性は魅力的です。でもそれができるのは一部のマメな女性だけ。毎日ヘアアレンジするのは時間もかかるし、面倒です（少なくとも私にはできません！）。

もし、ヘアアレンジが大好きでそれが生きがい、というのでなければ、たったひとつだけ「自分に本当に似合う髪」を手に入れれば十分です。毎回、寸分たがわずバシっと同じ形になる定型の髪を手に入れたら、毎日がずっとらくちんで快適で、しかも毎日失敗しないので毎日素敵です。

まずは「アレンジがきく髪」の呪縛《じゅばく》から逃れて、**「髪は形状記憶合金ばりに、毎日同じでいい」**と思ってください。ワンパターン、上等です。

※ 一生ものの髪型を見つけられたらお得

欧米の女性には、自分の「ヘアレシピ」を持っている人がたくさんいます。どこをどうカットして、どんなカラーリングを入れているのかのレシピを美容院でもらい（病院でもらう処方箋《せん》のようなものですね）、自分で管理しているのです。

引っ越ししても、ヘアサロンを変えても、そのレシピを美容師さんに見せ、毎回同じヘアデザインを選ぶ人が少なくありません。それは、自分を魅力的に見せてくれる髪型がひとつ見つかれば、それをずっと大切にするという文化があるからです。

たとえば世界一のファッショニスタといわれている『プラダを着た悪魔』のモデル

になった『ヴォーグ』の編集長、アナ・ウインターは、**14歳のときから60代になった今の今まで、ほとんど同じ形のボブスタイルを貫き通しています。**マイナーチェンジはすれども、その形が一番自分に似合っていて、どんな服でも着こなせる髪型だと知っているからでしょう。

もちろん、一生同じ髪型で生活しなさいというつもりはありません。でもいま自分の髪型が気に入ってないのであれば、まずは、たったひとつでいいので、自分が満足のいく髪型を手に入れましょう。

あなたにとってまずはひとつめの「当たり髪」の見つけ方と作り方は、第2章で詳しくお伝えします。

ポイント

× アレンジがきく髪がいい

◎ 髪はワンパターンでいい

素敵な髪は3つの要素でできている

今まで、「髪が重要」と伝えてきましたが、ひとくちに「髪」といっても、その「髪」を構成する要素は3つあります。

①スタイリング（毎朝の髪の触り方）
②ヘアデザイン（美容院でオーダーする色や形）
③ヘアケア（毎日の髪のお手入れ）

これら3つのどれかが変われば、髪の印象は変わります。

この①〜③について少し解説しましょう。

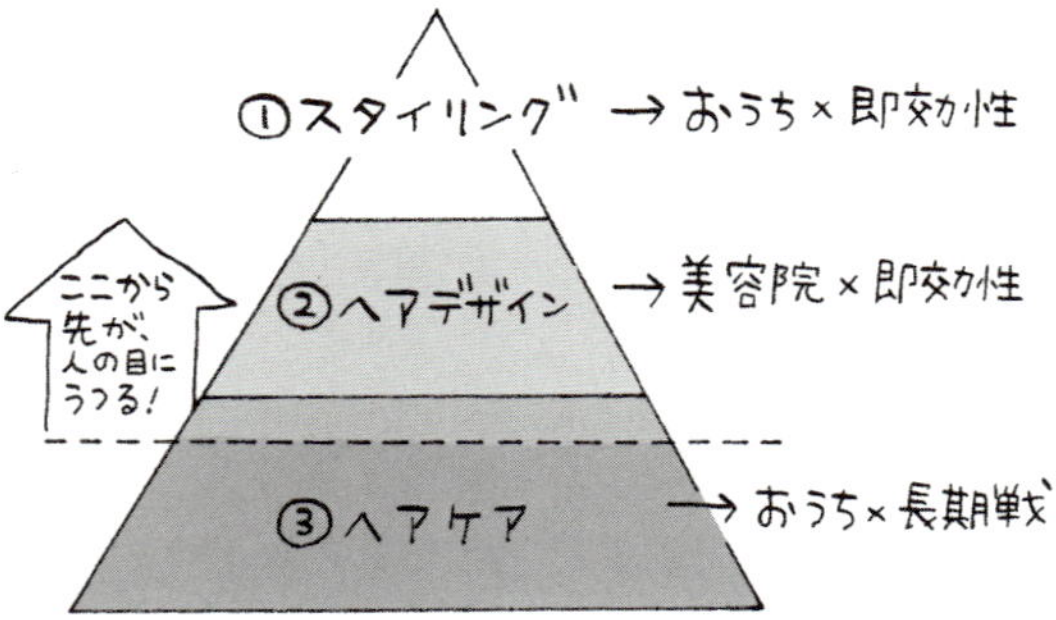

①は、毎日の朝のヘアセットです。寝グセを直したり、ブローしたり、人によっては髪を巻いたりスタイリング剤をつけたりする行為が、ここに入ります。

①は、見た目の印象に一番大きく関わります。どこの毛をどのように動かすか、どのように髪に触るかで、顔の印象がまったく変わってきます。

②は、美容院で髪を切ったりカラーリングしたりして手に入れる、「形」と「色」のことです。スタイリングを変えるだけでもだいぶ雰囲気は変わりますが、**もっと根本的に自分を変えたい、人生を変えたいと思ったら、②が大事**になります。

美容院選びや髪型の選び方、それを伝える上手なオーダー法で、自分が思い描いた理想に近づく方法はたくさんあります。第2章で詳しくお話しします。

そして、③は、頭皮や髪の素材自体をよい状態に保つ行為です。美容院でヘッドスパやトリートメントなどをすることも含みますが、基本は毎日のシャンプーやトリートメントなどのヘアケアがこれにあたります。

髪が大事というと、この③のヘアケアを想像する人も多いかもしれませんが、**ヘア**

ケアは長期戦。素敵な髪を手に入れるための「土台」だと思ってください。

ヘアケアは、1日で目に見えて変化するものではありません。身体にいい食事をしてもすぐに健康になるわけではないのと同じように、髪によいことをした結果その成果が現れるには時間がかかります。「見た目に即効性はないけれども、内部からきれいになることで、ゆくゆく見た目にも差が出てくるもの」と考えましょう。

❋ 即効性があるのは、スタイリングとヘアデザイン

3段階のピラミッドのうち、人の目に映るのは、①のスタイリング、②のヘアデザイン、そして③のヘアケアのうちの一部です。

たとえば、人が「きれいな髪だなあ」と感じるとき、ほとんどは①のスタイリングのおかげですが、③のヘアケア要素も多少影響します。

ここ数年、日本ではヘアケア剤の売り上げがぐんと伸び、逆に、美容院に行く回数やスタイリング剤の売り上げがやや落ち込みました。とくに、美容院に行く回数はアジア各国の都市と比べても格段に少ないのが日本の女性の特徴です。

これはやや乱暴に言うと、「ヘアケア（内部）には気をつかっているけれど、形や色（外側）に気をつかわなくなった人が増えた」ともいえます。

でも、**見た目がすぐに変わり、人の印象に直結するのは、①のスタイリングや②のヘアデザイン**です。

もちろんケアは大事ですが、それだけではなく、見た目を印象づけるスタイリングにも気をつかっていきましょう。

ポイント

× ヘアケアが最も重要

◎ ヘアケアの「土台」があって、ヘアスタイルが輝く

女性の知性は後頭部に宿る

たとえば滝川クリステルさんやベテランの安藤優子さん、小谷真生子さんなど、知性の代名詞ともいえるキャスター職の方たちには共通点があります。

それは全員、後頭部にふっくらボリュームがあること、です。

女性の知性は後頭部に宿ります。

❋キャスターが後頭部を「盛る」理由

日本人は、欧米人に比べて、後頭部に奥行きがなく、扁平な人がほとんどです。だから、後頭部にボリュームと高さがあると、欧米人の骨格に近づき、特別感が出ます。

もっとはっきり言うと、女性の場合は**後頭部にボリュームがあると「知的」に見え、（安い女に見られず）「高く」見えます。**ぞんざいに扱ってはいけない人という品格が生まれるのです。

キャスターの方たち（そして、報道畑の女子アナの方たち）は、それをちゃんと知っています。だから、これでもかというくらい後頭部を「盛る」のです。

逆に、親近感を持ってもらい、芸人さんにもカジュアルにいじられたいバラエティ畑の女子アナさんたちは、そこまで後頭部を盛りません。

どちらにしても、髪が持つ印象をちゃんと使い分けているのが、キャスターと、女子アナです。後頭部の扱いは、メイクよりももっとわかりやすく、女性の「印象」と「立ち位置」を決めます。

日本のような「若くて幼い女の子がかわいい」という風潮が一切ない**アメリカでは、そもそも後頭部は「盛る」以外の選択肢はありません。**

いま、LAでは「ビューティバー」という簡易カウンターで髪をセットしてもらうサービスが大人気ですが、女性たちはここでこぞって後頭部にボリュームを出すセットを頼みます。自立した女性がセクシーだと思われるアメリカでは、後頭部が盛れていないと、話になりません。

ホテルや家に三面鏡があるのも、欧米の特徴。これは、横顔や後頭部をチェックするためのものです。正面だけを気にする日本人とは対照的です。

※ 出世も信頼感も後頭部次第？

ある航空会社の元ＶＩＰ担当マネージャーが「お客さまからクレームを受けるＣＡは、髪が甘い。後頭部がきちんと盛れてないから、どんなに接客を学んでもトラブルになるのよ」と教えてくれました。

後頭部に高さとボリュームがないＣＡさんは、お客さまに軽んじて見られ、クレームも言われやすくなるのだとか。逆に後頭部がしっかり盛れているＣＡさんには「軽々しいことは言えない」とお客さまが自制するのでトラブルが少ないのだそう。

現に、その話をしてくれた元ＶＩＰ担当のマネージャーさんは、いつも後頭部がしっかりキマっていて、ふっくらボリュームがあります。凛《りん》とした雰囲気を漂わせていて、女性が憧れる女性、男性も一目置く女性、という感じです。

この「後頭部に高さとボリュームを出すと知性や品格が出る」ことを、美容師さんたちはよく知っています。ですから、社会的地位が高い人や、たくさんの部下を抱える女性には、後頭部にボリュームが出やすいスタイルを提案しています。

なかなか出世できないとか、部下に信頼されないと悩んでいたお客さまに、後頭部に高さが出るスタイルを提案したら、あっという間に出世が決まったという話はしょ

っちゅう聞きます。それくらい、後頭部の印象は、女性の印象を決定づけます。

後頭部のボリュームの出し方には、いろんな方法があります。

自宅で簡単にできるのは、ホットカーラーやマジックカーラーを巻き、髪の根元を立ち上げること。ボリュームを出す位置は、ポニーテールを作る位置が目安です。あごと耳のつけねの延長線上を狙《ねら》ってください。

後頭部は、ある程度レイヤーが入っていたほうがボリュームを出しやすくなります。ですから美容院で後頭部にボリュームを出したいと相談するのもいいでしょう。この部分だけ、ボリュームを出すタイプのパーマをかけることもおすすめです。

ポイント

× 品格は「話し方」がつくる

◎ 品格は「後頭部」がつくる

美髪とは、すなわち、ツヤ髪のことです

※髪のツヤは七難隠す

顔がしわだらけでも髪にツヤがある人は、髪が乱れていて肌がきれいな人よりずっと若く美しく見えます。

髪のツヤは、若々しさや健康的な美の象徴です。ツヤのある髪は、上品で清潔感があって見えますから、リアルな話、男性にも選ばれやすくなります。見た目のきれいさだけではなく、きちんとした人、自分に手をかけている人というイメージも手に入ります。

では、このツヤの正体って、一体なんでしょうか。

ぷるぷる、うるうる、ぴちぴち……etc.

若さを表すオノマトペは、水分量に関するものばかりです。そのせいか、「髪にツ

ヤがなくなってきた」となると、女性たちの多くは「老化だ」と感じ、「保湿」に走ります。確かに、加齢した髪は健康な髪より水分量が5％ほど少なくなります。

ですが！

顕微鏡で見て知る「水分保持量」が、そのまま「見た目のツヤ感」と正比例するかというと、そうではありません。実際には、水分は十分なのにツヤがなく見える髪や、水分はあまりなくてもそれなりにツヤっぽく見える髪が、存在します。

それはどうしてかというと、**髪のツヤは「屈折率」と関係があるから**です。

凸凹の表面に光があたると、光は乱反射して、ツヤを感じません。

でも、まっすぐな表面に光があたると、その光線はまっすぐ反射するので、私たちはツヤがあると感じます。

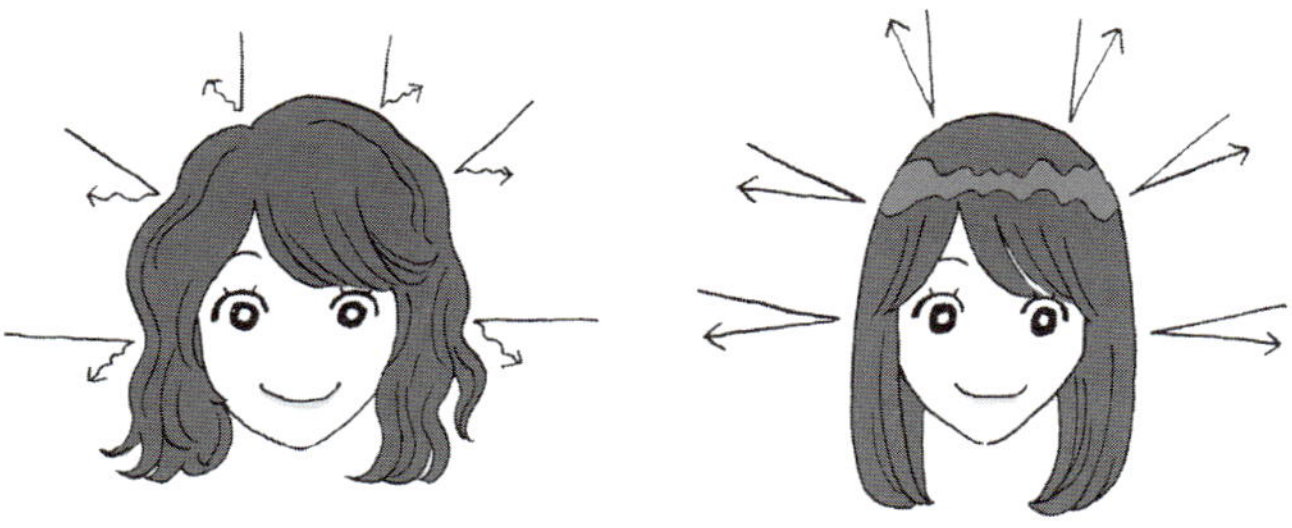

シャンプーのＣＭに起用される女性は、１００パーセント、まっすぐなストレートヘアでエンジェルリングが光っていますよね。あれは、表面がスムースであるほど、ツヤっぽく見えることを知っているからの演出です。実際に髪の水分量が多いかどうかよりも、この屈折率のほうが、見た目には影響を与えます。

❋ 見た目のツヤは、すぐに手に入る

あなたの髪を顕微鏡で見る人はいないわけですから、実際以上にツヤのある髪に見せることはできます。表面の凸凹を整えればいいのです。この際、もとの髪質は関係ありません。

髪の表面をスムースにするためには、「熱処理」が必要です。キューティクルを整え、凸凹をなだらかにするためには、ドライヤーやアイロンの熱を入れる必要があります。

ロールブラシを使ってブローする人が多いかもしれませんが、実は簡単なのはアイロンのほうです。ある美容師さんは「髪をロールブラシでブローしようと思ったら、ブラシを持つ手、ドライヤーを持つ手、髪を持つ手の３本が必要になる。だから、自分でブローするのはとても難しい」と言っていました。

その点、カールアイロンやストレートアイロンは、2本の手でもうまく使えます。「アイロンは難しい」と思っている人も、毛先を巻くのではなく表面を整えるものとして使ってみてください。温度は最高まで上げず、160度くらいで使うとダメージが出にくいです。キューティクルを整えるタイプのオイルやクリームを先につけてからスタイリングすれば、よりツヤ感が増します

「表面の凸凹を整えてスムースにする」。それだけで、見た目のツヤは手に入ります。ツヤが手に入れば、たいていの顔のしわやアラは隠せます。これが世の中でいわれている、「ツヤ」の正体です。

ただし、この解決法は、あくまで「見た目」を取り急ぎ整えたいときに有効な方法であって、根本的な対処法ではありません。リアルに水分たっぷりの若々しい髪を目指すのであれば、やはり、日頃のヘアケアが大事になってきます。

ポイント

×ツヤとは「潤い」
◎ツヤとは「光の屈折率」

でも、「ツヤがすべて」は幻想です

ここまで読んで「あれ？」と思った人がいるかもしれません。パーマヘアや、クセ毛の人（縮毛矯正で悩んでいる人もいるでしょう）はどうなんだ？　と。

そうなんです。実は、パーマヘアやクセ毛は、ツヤが出にくい（ツヤっぽく見えない）髪型です。

よく「パーマをかけたら傷んだ気がする」「ツヤがなくなった気がする」と言う人がいますが、あれは、実際に傷んだということよりは、髪が曲線を描いた分、光が屈折して、ツヤが生まれにくくなるという要因が大きく作用しています。

❋パーマには違うよさがある

では、パーマヘアやクセを活かしたヘアは、ツヤが出ないからダメなのかといったら、私はまったくそうは思いません。

なぜなら、**パーマや巻き髪スタイルには、直毛のスタイルには出せない強みがあるからです。**


それは、何かというと、**「軽さ」と「やわらかさ」**です。


パーマヘアは、ストレートヘアよりもずっと髪が軽くやわらかく見えます。

なぜかというと、毛と毛の間に「隙間」が生まれるからです。その「隙間」に空気が入り込み、それが「浮遊感」となって、髪が軽やかに見えるのです。

綿菓子のような感じといえばイメージしやすいでしょうか。空気をたーっぷり含んだ髪は、見るからにふんわり見えます。


以前私がファッション誌で行ったアンケート調査では、**「同じ分量の髪ならば、ストレートヘアより、パーマや巻き髪スタイルのほうが、ずっと髪がやわらかく軽く見える」**ことがわかっています。

私たち女性の脳には「髪にはツヤが大事」とインプットされています。CMでもそういったフレーズをよく聞くので、「ツヤ至上主義」になりがちです。

でも、軽くてやわらかい髪には、思わず触れたくなる魅力があります。指をからめてくしゅっとしたい、そんな甘い気分になるのは、軽くてやわらかい髪です。


実は「好きな髪型ランキング」で必ず名前があがってくる女性タレントさんたちの髪型を見るとわかるのですが、**人気上位の人たちは、「ツヤ」よりも「軽さ」と「やわらかさ」を優先した、動きのあるスタイル**をしている人ばかりです。

こういったアンケートで10年以上ランクインしているYOUさんや、梨花さんの髪は、ツヤよりも、軽やかな動きややわらかいニュアンスのほうが印象的です。


女性の多くが、本能的に「かわいい」「好き」「真似したい」と思っている髪型は、実はツヤっぽいスタイルだけではないことがわかるでしょうか。「ツヤ」は、髪を選ぶときの、判断基準のひとつにすぎません。

うるっとしたツヤを選びたい人はツヤを選べばいいし、ふわっとした軽さややわらかさを選びたい人はそれを選べばいいのです。どちらが上で、どちらが下ということはありませんから、好きなほうを選びましょう。

ただし、中途半端はよくありません。ツヤならツヤ、軽さ&やわらかさならそれと、狙いを絞るのが得策です。

ポイント

×ツヤは絶対的な存在

◎ツヤより軽さ&やわらかさを優先してもいい

5秒でスタイルがよく見える、「小アタマ」マジック

世の中では、小顔、小顔といわれますが、**小顔と同じくらい大事で、かつ顔を小さくするよりも簡単なのが「小アタマ」**です。

「八頭身のモデル体型」などという言葉があるように、全身バランスのよさは、頭の小ささで表現されます。

もちろん、生まれつきのサイズもありますが、この「小アタマ」に関しては、髪の見せ方をちょっと変えれば、手に入ります。

❋ 小アタマは「ひし形」シルエットで作られる

では、**小アタマに見えるバランスのいい髪型はどんな髪型かというと、ずばり、「ひし形」に見える髪型**です。

もっと詳しくいうと、

①トップに高さがあり
②ハチまわりがふくらんでいなく
③耳横にボリュームがあり
④そこより下は耳横よりも幅が狭まる

これが、どんな人でもバランスがよく見えるひし形の法則です。
とくに、ひし形の頂点を作る①と③は重要です。そして、この①と③は、一瞬で作れるので、ぜひ覚えてください。

まず、①のトップに高さを出すためには、分け目をぱっくりつけないことが大事です。分け目がぴしーーっとまっすぐついていると、どうしても、その分け目部分が一番凹みます。するとひし形の頂点になるべき、トップが凹んで見えるのでバランスが悪くなります。

そうしないためには、分け目をぼかすに限ります。具体的には**分け目から左右1センチ分の毛を指でぐっとつまんで持ち上げます。**こうすると分け目が見えなくなり、トップに高さが出ます。前から後ろに向かって3か所くらいつまめば十分です。**5秒**

で印象が変わります。

もっといいのは、朝、分け目をつけるときに分け目付近にボリュームを出しておく方法です。**分け目をとったあと、その左右の毛を、少しだけつまんで逆サイドに移動するのです。**つまり、分け目の左の毛を少しつまんで分け目の右側にもっていきます。分け目の右側の毛も、ちょっとだけ左側にもっていきます。これを3～4か所やるだけで、分け目が見えなくなり、ふわっとボリュームが出ます。

よく分け目をジグザグにしましょうというテクが紹介されますが、ジグザグ分け目よりも、こちらのほうがわざとらしさがなくなり、自然な仕上がりになります。

これは、小アタマに見せたいときだけではなく、髪が薄くなってきた人にもおすすめの方法です。

次に、③の耳横にボリュームを出す方法ですが、これには裏ワザがあります。

よく、ヘアカタログを見ると、耳横にふわっと広がりがあるスタイルが載っていると思います。これは「パーマをかけて広がりを持たせている」と思われがちですが、実は、**サイドの髪を耳にかけて広がりを見せています。**「でも、耳かけといっても、耳は見えないけど？」と思うかもしれません。そうなんです。ポイントは、耳を全開にしないことです。

一度、内側の毛を耳にかけて耳後ろにふくらみを出したら、それが見えないように外側から毛をかぶせているのが、ヘアカタログ的テクニックなのです。

最近では、ＳＮＳ用に「みんなで集合写真撮ろうよ」などと言われることが多くなっています。このとき、５秒でいいので、①**分け目をつまんで持ち上げる、②サイドの髪の内側を耳にかける**の２つをやってください。写真うつりが全然変わりますよ！

ポイント

✕ 写真を撮るとき、髪をなでつける

◎ 写真を撮るとき、分け目をつまむ

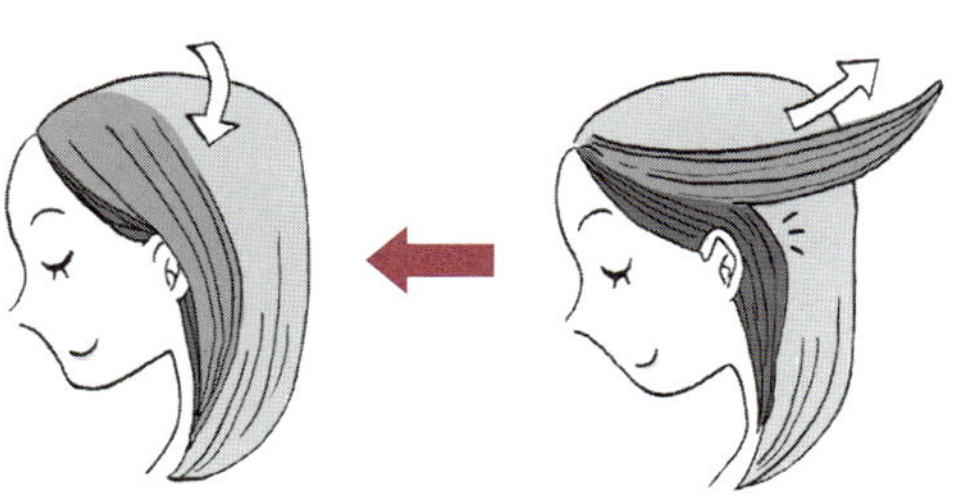

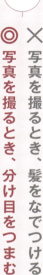

3キロやせるよりやせて見える影の落とし方

顔に落ちる影をあやつることができると、「見た目体重」もあやつることができます。「見た目体重」は、髪型次第で変わります。3キロ程度なら、実際にダイエットするよりは、顔まわりの毛をいじるだけで細く見えます。

❋ **ダイエット企画なのに、髪でやせた！**

ファッション誌の仕事をしてすぐに、「結局、女性にとって一番重要なのは、服でもメイクでもなく、髪なんだ！」という事実を何度も目の当たりにしたことはお話ししました。

撮影現場にきたときは、なんだか冴えない雰囲気だった人が、ちょっとブローをしたり、毛先を巻いたりするだけで、別人のようにかわいくなったりすることは、もう日常茶飯事です。

なかでも衝撃的だったのは、60キロを超えたある一人の読者に半年間密着するダイエット企画のことです。継続的に写真撮影をして、どれだけやせたか、誌面で報告するページでした。

その月は、2か月で3キロやせた彼女にTシャツ短パンになってもらい撮影したのですが、2か月前と「ビフォア→アフター」を並べても、その差が写真では全然わからなくて、ほとほと困ってしまいました。もちろん、写真加工で細く見せるなどのズルはご法度です。

どうしたものか……と考えていたそのとき、ヘアメイクさんが慣れた手つきでひょいっと彼女の前髪に触りました。彼女の前髪の分け目を少しだけ変えたのです。するとどうでしょう。彼女が、急にほっそり見えるようになったのです。

「実際に3キロやせたことよりも、前髪の分け目を変えるだけで、こんなに見た目が変わるんだ！」と、私は衝撃を受けました。

そのときは、マジックを見ているようだったのですが、今、思い出せばなぜ彼女がほっそり見えるようになったのか、その理由がわかります。

ぱっくり真ん中分けだった前髪を、6：4に分け、全開だった額に、少しだけ前髪の影が落ちるようにしたのです。

メイクでは、細く見せたい部分に肌よりも濃い色をのせて影を作りシェーディングすることが常識ですが、この「シェーディング効果」を、前髪で出したのです。

目の横ギリギリを通る前髪は、顔の面積を小さく見せます。丸い顔が卵型に見えます。さらに、顔に影が落ちるので、顔に立体感が出てより細く見えます。

※ほほ骨を「命毛」で隠せばやせて見える

もう一か所、前髪以外に、顔を細く見せるのに大事な毛があります。私たちはこれを命の毛と書いて「命毛（いのげ）」と呼んでいます。

命毛は、ほほ骨にかける顔まわりの毛のことです。

顔の中で一番幅があるのがほほ骨の高さの部分です。このほほ骨から耳までの距離を髪で隠してしまえば、顔は突然細長く見えるようになります。

前髪ぱっつんにしているアイドルのほとんどが、ほほ骨部分だけは隠せるように毛を残しています。

この毛があることで、顔が全開になりすぎず、影ができて細く見えるのです。AKB48のまゆゆ（渡辺麻友さん）やさしこ（指原莉乃さん）の命毛は印象的でしたし、ももいろクローバーZの5人も全員「命毛」でほぼ骨を隠しています。

この毛があると、髪をまとめたときも、ここだけは毛が残るので、頬に影が落ちて、顔が小さく見えます。

前髪と命毛、この2つで影をあやつり、ラクしてマイナス3キロを手に入れましょう。

ポイント

× 苦労してダイエットする
◎ ラクして髪でやせて見せる

女子だけの特権、ふんわり、が欲しい

※髪質の悩みはスタイリングでカバーできる

いろんな都道府県の美容師さんたちと話をして盛り上がるのは、地域による髪質の違いです。

たとえば、熊本や宮崎、鹿児島、沖縄の美容師さんたちと話をしていると、「髪が多くて、クセが強く、ごわついた髪の人が多い」とよく聞きます。縮毛で悩んでいる人が多いのも、これらの地域の特徴で、縮毛矯正率やストレートパーマをかける人の比率も高いのだとか。1本1本の毛が太く、髪が丈夫な人が多いので、カラーが入りにくいという特徴もあるそうです。

一方、東京の美容師さんたちと話をしていると「ここ10年くらいで、ずいぶんネコっ毛の人が増えてきた」と言います。食生活の変化なのか、水質の変化なのか、原因はわかりませんが、確かに、読者アンケートでも、**髪の悩みの1位が「多くて硬い」から「やわらかくてぺたんとする」に変わりました。**

ヘアカタログの撮影でモデルになってくれる人は、基本的にプロのモデルではなく、一般の方がほとんどです。ですから、髪質に悩みを抱えている人もたくさんいます。なかでも、髪にボリュームがない人、ネコっ毛の人の割合は、その逆に比べてずいぶんと多いです。

そんな彼女たちにモデルになってもらっているのですが、誌面で見る限り「うわ、めっちゃ髪が少なさそう」とは見えないはずです。

それは、髪の「ふんわり感」は、ほとんどの場合、スタイリングひとつで演出することができるからです。その方法をお伝えします。

❋ 髪にボリュームを出すスタイリングと乾かし方

ふんわりヘアを手に入れるときのポイントは、スタイリングするときに空気感を出すこと。

空気感というと、乾かすときに下から上に空気をあてることだと思いがちですが、そうするとただ髪が広がるだけでバサバサになってしまいます。

そうではなく、**空気感を出すときは、髪の内側ではなく、一番外側の表面の毛に浮きを出します。**

表面の毛束を指で持ち上げて固まりすぎないスプレーをかけたり、ワックスをよく手でのばしてから表面の髪をくしゅっとにぎって持ち上げると、自然な空気感が出ます。空気感が出ると髪がふわっとふくらみ、綿菓子のように軽くやわらかく見えます。


また、髪を乾かすときにもポイントがあります。髪にボリュームを出したいときは、根元部分を今の生えグセと逆方向に乾かすのです。そうすると、根元に立ち上がりが出て、ふわっとボリュームが出やすくなります。


さらに、髪色でもふんわり感を出すことができます。

もし、いま髪に立体感がない、メリハリがなくてぺたんこに見えているのであれば、ハイライト（ベースの色より明るい色）やローライト（ベースの色より暗い色）といわれる、髪に細い筋状のカラーを入れることをおすすめします。

メイクのときのハイライトやシェーディングのように、髪に明るい部分と暗い部分ができることで、ヘアスタイルがぐっと立体的に見えます。これは**実は、髪の量が少ない女優さんやモデルさんの多くがやっているカバー法です。**

「ふんわり」は、女子だけの特権。ふんわりした髪を持っていると、触り心地も抱き心地もよさそうに見えます。

なので、ふんわりは、モテます。

ふんわりをまとって、愛されちゃってください。

ポイント

× ネコっ毛だからボリュームをあきらめる

◎ 髪質と関係なくボリュームを手に入れる

あなたの「きれい」は前日に作られている

※朝活ではなく、夜活のススメ

髪がうまくいくかどうかは朝のスタイリングで決まると思っているのだとしたら、それは誤解です。

その日の髪が決まるかどうかは、前日の夜にかかっています。

今、一生懸命朝にブローをして時間がかかっている人は、その時間を夜にまわしてください。

夜、シャンプーをしたあと、すぐに髪を乾かし、きれいにクセをとってブローして寝ることを習慣づけると、朝、鏡の前でやることはほとんどなくなります。

シャンプーをしたあとの濡れた髪は、とても不安定な状態です。キューティクルは開いているし、ちょっとした摩擦でも傷みやすくなっています。濡れたまま寝るとダメージを受けるし、クセもつきやすくなります。半乾きではなく、しっかり完全に乾かしてから寝ましょう。

よく、髪を乾かすと傷みそうと言う方がいますが、髪を乾かさずに寝るほうが、ダメージが大きくなります。

髪を乾かすときは、ゴシゴシとタオルでふいてはいけません。タオルでおさえて水分をふき取りましょう。

もし、髪のおさまりをよくしたいのであれば、髪を乾かす前に、保湿系のヘアオイルやクリームを、中間から毛先につけて（根元ではなく！）乾かしてください。それだけで、次の日は指通りのいい髪に近づきます。

❋ 髪を愛でるように乾かして

髪を乾かすときは、毛の1本1本に、上から下に向かってウロコが生えている様子をイメージして乾かしてください。**そのウロコを逆なでしないように乾かすのがポイント**です。

ウロコとは、キューティクルのこと。「今、私はキューティクルを整えている」という気分で、ドライヤーの風をあてると、髪に負担のない乾かし方になります。量が多い人や、髪の長い人は、内側をまず乾かしてから、表面の毛を乾かしていきましょう。内側が生乾きだと、髪にいやな匂いがつきますし、クセも広がりやすくなります。

内側を乾かすとき表面の毛が邪魔なら、ダッカールといわれる、髪を一時的に止めるクリップみたいなアクセを持っているといいでしょう。もちろん、ワニクリップやくちばしクリップでも代用できます。

ジムに行ってお風呂に入ると、顔も身体も抜群で、思わず目が「♡」となるくらいの女性が、メイクルームでドライヤーの風を髪の真下からぶわーっとあてて力まかせに乾かしている様子を見ることがあって、がくっとなります。

乾かされた髪を見ると、やはり、キューティクルに逆らって乾かしているので、ぱっさぱさでツヤがありません。せっかくのナイスな身体も色気も、台無しです。

それだけではありません。**キューティクルがめくれあがっている人は、がさつで人**

間関係も雑な人に見えてしまいます。どんなにメイクがばっちりでも、髪にだらしない人だと見られたら、仕事でも恋でも得することはありません。

ぜひ、キューティクルに逆らわず、髪を愛でるように乾かしてください。

これさえやってベッドにもぐり込めば、朝のスタイリング時間もぐんと短縮できます。

ポイント

× きれいな髪は「朝」に作られる

◎ きれいな髪は「夜」に作られる

髪も「衣替え」すると、断然おしゃれ

この間、著名なファッションスタイリストさんがこんなことを言っていました。「季節を意識した色と素材を着こなせる女性は、本当におしゃれ。春ならパステルカラーやシフォン素材、夏ならマリンブルーや麻の素材、秋ならボルドーやスウェード素材、冬になったらブラウンやファー素材。でも、**それ以上におしゃれなのは、季節を意識した髪色と髪型を選べる女性**」

大賛成です。

髪には、春夏らしい髪と、秋冬らしい髪があります。みなさんには、服を衣替えするタイミングで、「髪を衣替え」することをおすすめします。

といっても、難しいことは何もありません。

春夏は、髪が軽く爽《さわ》やかに見える髪色と髪型を選びましょう。髪色は普段よりほん

の少しだけ明るくするのがいいでしょう。薄手の素材の服が似合いやすくなります。色は、ベージュやアッシュ、マット系など、赤みのない寒色系がおすすめです。桜が咲くよりもちょっと前にチェンジするのがいいですよ。

髪型は軽さを出すためにレイヤー（段）を入れたり、前髪に隙間を作って透け感を出したりすると爽やかです。

秋冬は、落ち着いて品よく見える髪色と髪型を選びましょう。夏の紫外線で髪はダメージを受けています。ほんの少しだけ色を暗めにして、髪にこっくりとしたツヤを感じさせましょう。段が入っていた毛先を切りそろえて重さを出すと、秋冬の重厚な服に負けないしっとり感が出ます。

季節に合わせてヘアスタイルをマイナーチェンジできる人は、「わかってるな感」が出て、とんでもなくおしゃれに見えます。

ポイント

× 服だけ衣替えする

◎ 髪も衣替えする

女の実力は「雨の日」にわかる

髪色や髪型を衣替えするタイミングが春と秋だとしたら、**髪の触り方を変えるべき季節は梅雨どき**です。

梅雨どきは髪が広がりやすく、うねるしクセも出やすくなる。巻いてもすぐにとれてしまう……。この時期はいつもひっつめまとめ髪という人もいるかもしれません。でも、この梅雨時期をストレスなく乗り切る方法があります。ほんの少しだけ、スタイリング方法を変えるのです。

髪は濡れると水素の結合が切れ、乾くとまた結合するという性質があります。髪を濡らすとクセがとれるのは結合が切れるからですし、乾かして水分を蒸発させると髪はそれ以上形を変えません。

ですから乾燥している日は朝ブローした髪がほとんどくずれません。でも、湿度が高い梅雨時期は、髪に水分が出たり入ったりします。結合が切れたりまた結合したりをくり返すから、髪がうねったり、巻き髪がとれたりするのです。

それを防ぐためには、水分の出入りをブロックするしかありません。具体的には、髪を油脂でコーティングします。**髪に油で蓋をして、水が入らないようにする**とイメージしてください。

油脂とは、オイル、ミルク、ヘアクリーム、シャンプー後のインバストリートメント、洗い流さないアウトバストリートメント、ワックスなどのことです。

自分の手元にあるもの、どれでもいいので、まず乾かす前に髪に適度な水分があるうちに（たとえば）アウトバストリートメントをつけます。そして、仕上がってからも油分のあるスタイリング剤をつけると、湿度の影響を受けにくくなります。

乾燥している髪は水分が出入りしやすいので、この時期は美容院でトリートメントをしてもらうのもおすすめです。**梅雨時期のサロントリートメントは、ほかの時期のトリートメントの3倍くらいの価値がありますよ！**

ポイント

× 梅雨時期はおしゃれできない

◎ 梅雨時期は油分で髪に蓋をする。いつもどおりおしゃれする

第2章

髪はほぼ、人格

たとえば、男の子のようなベリーショートの女性を見て「引っ込み思案な人」と思う人はまずいません。

たとえば、ゴージャスな巻き髪で現れた女性を見て「奥手な人」と思う人もいません。

就職活動のときに、みんなが黒髪に染めるのは「真面目な性格で、チャラチャラしていません」ということをアピールするためです。

つまり、**人は、髪でその人の性格（キャラクター）に先入観を持ちます。**

漫画家は、登場人物を決めるときに、まず髪型と髪色から決める人が多いそうです。「髪が決まれば、その人物のキャラが決まって、勝手に動き出す。髪さえ決まれば、しゃべるセリフも想像がつく」のだとか。

どちらの話からも、私たちは無意識に、「こういう髪をしている人は、こういうタイプの人」と、考えていることがわかります。

だから、「こう見られたいと思う自分」に見せるために、一番てっとり早いのは「髪」を変えることなのです。髪を変えれば、それ以外のすべては、あとからついてきます。

ここでは、あなたの運命を変えてくれる髪型を手に入れる方法をお話しします。

「似合う髪型探し」をやめると決める

※ヘアスタイルの青い鳥症候群

多くの女性は、「私に似合う髪型が知りたい」と言います。

でも、誤解をおそれずに言いますが、**「あなたに似合う髪型はコレ！」と言い切れる髪型は、この世の中に存在しません。**

なぜかというと、**似合う髪型は、一人に対して、10も20も100もある**からです。

たとえば、ある人に似合う髪型は、ショートヘアなら10通り、ボブで10通り、ミディアムで10通り、ロングで10通り……と、たくさんあります。

「私にはショートが似合わない」なんて人はいません。ショートのなかで、似合う形と似合わない形があるだけで、どんな長さの髪でも、あなたに似合わせることはできます。

どこかに「私にはコレ！　というような、ぴったり似合う髪があるはずだ」と思って期待をしていると、実際に似合うヘアに出合っても「これが本当にベストなの？」「悪くはないけれど、もっといい髪があるのでは？」と思ってしまって、いつまでっても自分のヘアスタイルに100点を出せません。

これを私は、**「髪型の青い鳥症候群」**と呼んでいます。「似合う髪型探し」の旅に出ると、その女性はたいてい、迷子になってしまいます。

❋似合えばいいというわけでもない

さらに言えば、髪型は似合えばいいというものではありません。

確かに、その人、その人に似合いやすい髪型というのは存在します。でも、**似合うことが本当に、人生の幸せにつながるかどうかは、また別の問題です。**

先日仲良くなった女性は、企業のコンサルティングをしている方でした。40歳と聞いて周りがみんなびっくりしたほど、見た目は若く、30代前半に見えるほどです。目がくりくりっとした愛らしいタイプの顔立ちでした。

二度目にお会いしたとき、彼女は「昨日、美容院に行ったら失敗しちゃって……」と、恥ずかしそうに前髪をおさえていました。

「似合うように切ってください」と言ったら、それまで長かった前髪を目の上でぱつんと切られたのだそうです。

正直言って、その髪型は彼女にとてもよく似合っていました。大きな目をことさら強調するヘアスタイルで、前髪を切ったことでより華やかさが増しています。私が彼女の担当美容師さんだったとしても、その前髪をおすすめしたかもしれません。

でも、彼女は大企業の社長を相手にして仕事をする人です。幼く見られるのは困るし、年齢相応の落ちついた雰囲気にしたかったのだと言います。**髪は、似合えばいいというものではない**のだな、と、つくづく思った瞬間でした。

もう一人、ライターをしている方で、クールできりっとした顔つきをした女性がいます。イメージで言うと、モデルのりょうさんのようなタイプです。

彼女はこの間、有名なファッションスタイリストさんに「あなたは前髪をセンターで分けてぴしっとなでつけて、コレクションに出てくるようなモードな髪が似合うわよ」と言われたそうです。確かに、彼女の涼し気な顔立ちには、その髪型がとても似合うのは想像できました。

でも彼女自身は女性らしい服装が好きで、立ち居振舞いもとてもやわらかいタイプの人です。そして、キツく見られることをとても気にして言葉を選んで話す人でした。どんなにその髪型が彼女に似合うとしても、もしそのモードな髪型にしたら彼女は居心地が悪いでしょう。

似合う髪型を求めればうまくいくわけではありません。

では、私たちは似合う髪型ではなく、何を基準に自分の髪型を決めればいいのでしょうか。

ポイント

× 私に似合う髪型が1つだけある
◎ 私に似合う髪型は100パターンくらいある

「似合う髪」より「なりたい髪」のほうがはるかに大事

「似合う髪」を探すかわりに優先すべきなのは、「なりたい髪」です。

憧《あこが》れの髪があるのだったら、私とこの人は顔が違うから、とか、髪質に難があるから……などと躊躇《ちゅうちょ》せずに、まずは、「こんな自分になりたい」と思ってください。

❋ ヘアカタログの「似合う髪の量、髪質、顔型」は、無視していい

ヘアカタログを作っている身でこれを言うのは本当に心苦しいのですが、ヘアスタイルについている、似合う髪の量や髪質、顔型などのチェックボックスは、あまり気にする必要はありません。

というのも、そのヘアスタイルを作った美容師さんからもらうアンケートには、ほとんど全部の項目に、「似合う」を示す○がつけられているからです。でも、全部のヘアスタイルが「すべての髪質に似合う」だと、チェックボックス自体の意味がなくなってしまうので、「より似合いやすい髪質」をピックアップして載せさせてもらっ

ているのです。

チェックボックスから外れている髪質や顔型であっても、似合うことは多いですし、あのチェックボックス自体「まあ、強いて言えば、このあたりがより似合いやすい感じです」くらいの目安にしかなっていません（ゴメンナサイ）。ですから、あれを見て「私の髪は量が多いから、このスタイルは無理」と思う必要は全くありません。

❋ 似合わせ方は、素材の数だけある

そして髪質や顔型を気にしなくていい理由がもうひとつあります。こちらのほうが、より重要な理由なのですが、**似合わせ方は、人の数だけあるからです。**

10年ほど前、ファッション誌で「○○さんの真似っこヘア」という企画が大流行した時代がありました。たとえば、菅野美穂さんが出ている化粧品のポスターを借りてきて、10人の読者が全員、その髪型を目指すというものです。

丸顔の人、面長の人、エラが張っている人、髪が菅野さんより長い人、短い人、量が多い人、少ない人、クセ毛の人……などなど、いろんなタイプの人が、それぞれ菅野さんのスタイルを真似るわけです。

面白いことに、全員がそれなりに菅野さんっぽい髪型になります。しかし、そのときの切り方やカラーの入れ方は、全員違っていました。

丸顔の人は、菅野さんに近づけるために少しトップに高さを出したり、髪が短い人は菅野さんよりも少し上からウェーブを出したり……。つまり、素材が違えば、同じ髪型を目指しても似合わせ方が違うのです。

ですから、**「このヘアスタイルにしたい」と思って切り抜きを見せたとしても、そのヘアスタイルの切り口と全く同じ切り方をあなたにするわけではありません。**

美容師さんは、あなたの髪質を見極めて、あなたの骨格や顔型、目の位置や首の長さなどを総合的に考えて、一番近い雰囲気になるスタイルを、提案しようとします。

ヘアカラーも同様です。もともとの地毛の色やダメージ具合が違うので、同じ薬剤を使ったとしても、全員違った発色をします。ですから、目指す色に対して、「この人の場合は、この明るさのカラー剤を使おう」と、一人ひとりに合わせて薬剤を使いわけしています。

驚かれるかもしれませんが、美容師さんがカットの練習に使う人毛のウィッグでさえ、まったく同じ切り方をしても同じ髪型にはなりません。ウィッグに植毛されている毛の髪質や、植毛されたときの方向性（生えグセ）がそれぞれ微妙に違うからです。それくらい髪という素材は繊細なものです。素材が違えば切り方も変わります。

くり返しになりますが、**髪質や顔型が違うからといって、あきらめなくて大丈夫**です。

そもそもなりたい髪型の写真とあなたの髪質や顔型が違うことは、美容師さんにとっては「大前提」です。もし同じ髪型にするのは難しいと言われたとしても、それに近い雰囲気のヘアスタイルにするためのアドバイスをもらえるはずです。

ポイント

× 同じ髪質、顔型じゃないと似合わない

◎ 素材に合わせた似合わせ方がある

なりたい髪は、自分の目標から逆算して選ぶ

❋ まずは、「なりたい自分」を明確にする

髪型は、自分が「こんな人に見られたい」「こんな性格に思われたい」という最終目標から逆算して選びましょう。

つまり**髪型を決めるより先に、「なりたい自分」を明確にすることが大事**です。

髪は、その人を表す記号のようなものです。髪の形や色には、なんとなくイメージする性格（キャラ）があります。だから、「なりたい自分がしてそうな髪」をイメージして、その髪にしてみると、うまくいきます。

❋ 「稼げる髪」は、確かにある

たとえば、私の友人のウェディングプランナーの女性は、大阪から東京に上京して新規開拓する際に、美容院にかけ込んで「とにかく、稼げる髪にしてください」とオ

ーダーしました。

この場合、彼女がなりたいと思った自分は「稼げる女性」。ですから、仕事を軸にヘアスタイルを考えます。

ウェディングプランナーは新郎新婦の希望を引き出す役割ですから、ぱっと見て頼れそうな安心感が必要でしょう。ある程度キャリアを積んでいる先輩感は必要ですが、あまりフェロモン度が高い髪型だと、新婦が嫌がるかもしれません。いろんな業者との折衝も必要ですから、ナメられないきちんと感も必要です。

そこで、彼女と美容師さんが相談して決めた髪型は、前にいくほど長くなる「前下りのボブ」。ロングヘアをばっさりカットしました。きりっと上品で、子どもっぽく見えない、デキる女性のイメージです。

実際彼女は、その髪型にしてから、次々と仕事を受注するようになり、「なりたい自分＝稼げる自分」を手に入れました。

これは、**ヘアスタイルのスタートを「似合う」ではなく「なりたい自分」からスタートしたからこその成功**です。

❋「恋に落ちやすい髪」も、あります

30代の女性に髪型選びの相談を受けたことがあります。彼女もやはり最初は「私に似合う髪型って、どんな髪型ですか?」と聞いてきたのですが、私が「どんな自分になりたいですか?」と聞いたら、5年前に彼氏と別れてから、ずっと好きな人ができない。ずばり、彼氏ができる髪にしたいと言ってくれました。

そのときの彼女の髪は、センターパートの黒髪、胸下までのロングヘア。ピシっと切れそうなほどのストレートヘアで、男性から見ると、隙がなさすぎて気安く声をかけにくい髪型に見えました。

そこでまずは**「恋する気があります」「シャッターは開いています」をわかりやすく示すために、多少浮かれたヘアにしよう**と相談しました。

髪色をほんのりブラウンにして、毛先にゆるく揺れるくらいのパーマをかけました。前髪は、ふわっとななめに流せる長さまでカットして、7：3で分けます。

いわゆるわかりやすいモテ髪を意識したところ、驚くほどあからさまに、効果が出ました。その月のうちに、3人の男性からデートに誘われたというのです。

ここでは、2人の例をお話ししましたが、もし、**なりたい自分の姿が「○○さんの**

彼女」なのだとしたら、「なるべき髪＝彼好みの髪」です。ターゲットが決まっているのであれば、ちゃんとリサーチをして、好みに寄せていきましょう。ショートヘアが好きな彼なら、思い切って切ってしまっていいでしょう。前に話したように、似合う似合わないはいったん横においておきます。今、あなたがとても素敵なロングヘアだったとしても、ショートの中にもあなたに似合う髪型は必ずあります。

髪は、自分の目標から逆算して考えます。
仕事ができそうな女性なら、その女性はどんな髪をしてそうか。
恋を楽しんでいそうな女性なら、その女性はどんな髪をしてそうか。
○○さんの彼女であれば、その女性はどんな髪をしてそうか。
それを意識するだけで、「なりたい自分」に近づく確率はぐんとあがります。

ポイント

✕ 自分が好きな髪型にする

◎「なりたい自分」をまずイメージする

髪型が持つ「性格」に注目する

髪型選びの成功の秘訣《ひけつ》は、①どんな自分になりたいかをイメージし→②その自分に近づくためには、どんな髪型がふさわしいかを考えると言いました。

でも、なりたい自分に近づく髪型が見当もつかない人もいるかもしれません。

そんなときは、大きくわけて2つの方法があります。

①なりたい自分の理想像に近い、先輩、芸能人、漫画のキャラの髪型を参考にする
②自分が褒められたい言葉を書き出す

まずは①から説明します。

❋「なりたい理想の自分」がやっていそうな髪型を選ぶ

たとえば「なりたい理想の自分」が、「ママだけれど、おしゃれには手を抜いていない、かわいい奥さま」だったとしましょう。その**理想に近い生活をしている知り合**

いや、芸能人などを探すのです。

たとえば、そのイメージが『VERY』に載っている井川遥さんだったとします。そうしたら、井川遥さんの画像を検索して、髪型を確認してください。雑誌を見てもいいですし、インターネットで画像検索すれば、井川さんのヘアスタイルがたくさん出てきます。その中の写真にきゅんとしたら、もう、その髪を目指していいでしょう。

井川さんは、ここしばらくずっと胸上のロングヘアです。前髪はありませんが、髪の色が明るめなので重い感じはしません。毛先は比較的軽くて、レイヤーが入っているのが特徴です。

でも、**このようなヘアスタイル分析が自分でできる必要はありません**。こういうことは、美容師さんが教えてくれます。あなたは美容師さんに写真を持っていき、こんなふうにしたいと伝えるだけで大丈夫です。あなたに似合わせるとしたら、どうするのがいいか、アドバイスをくれるはずです。

そしてその髪が手に入ったら、井川さんがしてそうなメイク、井川さんが着てそうな服、井川さんだったらこういうとき、どんな話し方をするだろうと想像をふくらませてください。そのくり返しが、あなたをどんどん変えていきます。

順番は、最初に髪です。**髪さえ変えれば、それ以外は髪に引っ張られていきます。**

メイクや服装、話し方や振る舞いも、徐々に自分が理想とする自分に近づいていきます。

❋漫画の登場人物の髪は意外と参考になる

この章の冒頭でもお話ししましたが、漫画の登場人物がしている髪型は、「この髪型ならこういう性格に見える」という定番をわかりやすく表現した形です。

たとえば、男性からも女性からも好かれる女性は、『タッチ』の浅倉南や、『スラムダンク』の赤木晴子、『花より男子』の牧野つくしのような、ふんわりとしたミディアムボブです。これが誰にも嫌われない女の子の記号的な髪型なのです。

一方で、元気で活発な印象のキャラは『シティハンター』の槇村香のようなボーイッシュなショートヘア、セクシーなお姉さん的なキャラは、『ルパン三世』の峰不二子に代表される典型的なロングのウェーブヘアです。

クールな女は『NANA』の大崎ナナのようなピシっとラインがそろった前下がり（前にいくほど毛が長い）ボブが多いですし、ちょっと不思議ちゃんは『ハチミツとクローバー』の花本はぐみのようなふわっふわのくせっ毛、絶世の美女といえば『ワンピース』のボア・ハンコック的な黒髪のスーパーロングです。

びっくりするほど、「この髪型といえば、こういう性格」と、記号化されているのがわかるでしょうか。

漫画は、キャラがわかりやすいぶん、もし自分がこんな人になりたいというイメージがあれば、髪型がイメージしやすくておすすめです。

ポイント

× いきなりヘアカタログを見て髪型を決める

◎ 理想の女性を思い描いて髪型を決める

これが最後の自分探し。「褒められ言葉」を集めて

※理想の自分を「言葉」で探し当てる

もし、なりたい自分の理想像がこの人、と特定できないようだったら、②の「自分が褒められたい言葉を書き出す」をやってみましょう。

あなたは、知り合いからどんな言葉で褒められると嬉しいですか。

「かわいい」でしょうか。それとも「きれい」でしょうか。「若い」でしょうか。「大人っぽい」でしょうか。

優しい、おしとやか、クール、スマート、元気、明るい、カジュアル、とっつきやすい、ほっとする、仕事ができる、頭がよさそう、性格がよさそう、活発、ミステリアス、セクシー、知的、華やか、ワイルド、繊細、エレガント……。

女性を形容する言葉は、たくさんあります。

なんでもいいので、あなたが言われたらぐっとくる言葉を集めましょう。この先の人生で「こんな言葉で褒められたい」と思う言葉を集めるのです。もし、あまり思いつかない場合は、本屋さんに行って雑誌をぱらぱらめくってみてください。そこにあふれる言葉の中に、ピンとくるワードがあるはずです。

それらの言葉は、頭の中でぼんやり考えるだけではなく、必ずノートか付箋《ふせん》に書き出します。

そして、これ以上出ないと思うところまで書き出したら、優先順位の高い順番に並べ直しましょう。とくに、上から3つは、毎日呪文をとなえるようにくり返し自分に言い聞かせていい言葉です。自分がぐっとアガる言葉が選ばれているかどうか、チェックしてください。

❋ 褒められたい言葉と髪型はリンクしている

褒められたい言葉と選ぶべき髪型には相関関係があります。

ここでは褒められたいワードによくあがる代表的な言葉と、それを実現する髪型を紹介します。これ以外にも褒められたいイメージを具体化する髪型や髪色はたくさんありますので、美容院で相談してください。

①「大人っぽい」を選ぶなら縦長、「かわいい」を選ぶなら丸

全体のシルエットが、細長い楕円形になるほど大人っぽく見えます。逆に、全体のシルエットが丸に近づくほどかわいらしく幼く見えます。

②「シャープ」「きれいめ」なら直線、「甘く」「優しく」なら曲線

毛先にぱつんとカットラインが出るほどシャープできりっとした印象に、毛先がカールして曲がるほどやわらかい印象になります。

③前髪は短いと「個性的」、ぱっつんだと「若く」、斜めだと「女らしく」、長いと「色っぽい」

前髪は印象を大きく左右します。眉が出るくらいの短め前髪は顔が全面に出るので個性的に見えます。アイドルに多いぱっつん前髪はかわいらしく幼い印象。斜めに流す前髪はフェミニンな雰囲気になります。リップラインよりも長い前髪はセクシーな印象。前髪をかきあげる仕草がサマになるのは長め前髪です。

④「上品」「落ち着き」はレイヤー控えめ、「元気」「明るい」はレイヤー多め

レイヤー（段）をあまり入れないスタイルは髪が動かないので落ち着いた印象になります。ツヤっぽく見えるのもレイヤーが少ないスタイルです。逆にレイヤーが多く入っていると毛先が動きやすくなるので、明るく活発な性格に見えます。

⑤「外国人風」は寒色系に。「しっとり」「フェミニン」は暖色系

カラーリングは赤みの量がポイントです。日本人の髪は赤みが多いので、外国人風を目指すなら赤みを抜いたアッシュやマットなどの寒色系を選びましょう。一方ピンクやオレンジがかった暖色系のブラウンは髪にツヤが出て女性らしく見えます。

ポイント

×「なりたい自分」を頭の中で考える

◎「なりたい自分」を言葉でおきかえる

コンプレックスは隠さない

※コンプレックスはチャームポイントを引き出してくれる

ぽっちゃり見える丸顔、いかつく見えるエラ張り、極端な軟毛、なんでここにあるのというつむじの位置……。ある女性は「親のDNAを恨んだ」というくらい、生まれつきの縮毛に悩んでいました。顔型や髪質にコンプレックスがある女性は多いものです。

これらのコンプレックスへの対処法は、2つあります。

①隠す　②活かす　この、2択です。

当たり前のようですが、まずは、この2つの選択肢があるということを自覚するところから、スタートします。

過去に何度か「コンプレックスを隠した場合、活かした場合のヘアスタイル」というファッション誌のヘアページを作ったことがあります。

一人のモデルさんで、たとえば、「丸顔を隠して細く大人っぽく見せるヘアスタイル」と「丸顔をあえて出して幼くかわいく見せるヘアスタイル」といったように、両方のスタイルにトライしてもらうという企画です。

この企画をやると、**8割以上の人は、「コンプレックスを隠さず、活かしたスタイル」のほうが、よく見えます。**具体的には、無理をしていなくてのびやかに見えたり、卑屈感がなくなったり、なにより、そのコンプレックスの要因が、その人のチャームポイントになることが多いのです。本人もたいてい「活かす」スタイルの自分が好きと言います。

女優になるような人は、実は本人がコンプレックスだと思っているパーツを全開にしている人が多いです。女優さんには顔の悩みはないだろうと思いがちですが、実は鼻ぺちゃとか、エラ張りとか、そばかすが多いとか、おでこが広いとか、いろんな悩みを持っています。でも、それを隠すのではなく、全開にした髪型を選んでいる人のほうが、女優としては成功しています。その**「整っていない（と本人が思っている）部分」こそが、個性になったり、人目を引くポイントになるから**です。

※コンプレックスを活かせるようになると、自分が好きになれる

小さい頃から剛毛のクセ毛がコンプレックスだった女性の話です。小学生のときにクセ毛が原因でいじめられ、それ以来、ずっと縮毛矯正をかけ、そのクセを隠しつづけていました。するっとした縮毛矯正をかけた髪は、いたって普通。地味で暗い性格に見られることが多い女性でした。

あるとき初めて行った美容院で担当してくれた美容師さんに、将来の夢やこれからやりたいことを聞かれ、「海外でボランティアをしてみたい」「南米に行ってみたいから、スペイン語を勉強している」と伝えたところ、「どうしてもストレートヘアにしないとイヤ?」と聞かれたそうです。子どもの頃、クセが原因でいじめられたことを話したら「そんな自分、もう、捨ててもいいんじゃない?」と言われました。

美容師さんに提案されたスタイルは、思い切ってクセを活かしたスパイラルパーマ。「南米に行ってみたいなら、ラテン系にしようよ!」と明るく提案され、なかば強引に押し切られるようにパーマをかけることになりました。

数時間後、鏡の中にうつった自分の姿を見て、彼女は驚きます。それは本当に自分じゃないような、明るく元気なイメージの女の子だったから。

人は人を外見で判断するので、それまで地味な子と思われていた彼女は、明るくポ

ジティブな人と見られるようになりました。すると、その見られ方に引っ張られるように自分の性格も変わって、超アクティブな性格になっていったのです。

それまでスペイン語を勉強しているだけでしたが、バイトを掛け持ちして資金をため（それまでは、暗い外見でバイトも面接で落とされていたそうです）思い切ってバックパッカーとして1か月南米に行くことを決めました。

大学を卒業したあとは、外資系の企業に入社し、長期休暇を使って南米にリピートしつづけました。今はなんと、ジャマイカ人と結婚しています。

彼女の話は、外見のコンプレックスを自分の個性に変えられたいい例です。

もちろん、徹底して隠す、という選択肢もあります。でも、彼女のように、コンプレックスを認めて、外に出せるようになると、自分のことを好きになれます。**コンプレックスは隠すだけではなく活かす、の選択肢も考えてみてください。**

ポイント

× コンプレックスは隠したほうがいい

◎ コンプレックスをチャームポイントに変える

普通を脱したいなら、ロングをやめる

※「脱無難」＝「脱ロング」

人の視線は、前髪や顔まわりに集まっていて、毛先には視線がいきません。毛先を20センチ切っても気づかれないことが多いという話は前にしました。

これは、裏を返せば、ロングヘアの人は、多少毛先の動きを変えたところで、みんな同じに見えるということです。

ちょっと乱暴な言い方ですが、バストトップを超える長さの髪は、どんな髪もだいたい同じに見えてしまいます。唯一差がつくとしたら、前髪をすごく短くしたり、極端な斜め分けにしたときくらいです。

ですから、**「みんなと同じ」を脱したいとき、一番てっとり早いのは、ロングヘアをやめること**です。

長澤まさみさんや、蒼井優さん、榮倉奈々さん、深津絵里さん、小泉今日子さんなど、幅広い役柄をこなし演技派として印象を残している女優さんの多くは、どこかで一度、ばっさり髪を切っています。

海外の話ですが、映画『ハリー・ポッター』にハーマイオニー役で出ていた女優のエマ・ワトソンは、あるタイミングで男の子のようなベリーショートにしました。彼女は、あのばっさりカットがあったから、ハーマイオニーのイメージを脱することができて、子役で終わらなかったといわれています。

就活で覚えてもらえる、印象に残る髪

「あの人に髪を切ってもらうと、必ず第一希望で内定が出る」と、就活生の間で噂になる美容師さんがいます。

私も評判を聞いて、彼にその秘訣を聞いたところ、その答えはちょっと拍子抜けするようなものでした。

「僕、就活生には必ず鎖骨よりも短い髪型をおすすめするんです」と言うのです。

え？　それだけ？　と思いますよね。でも、本当にそれだけなんだそうです。

ショートにするか、ボブにするかは、本人と相談して決めるのですが、いずれにしても、やることは**「とにかく、ロングをやめる」**だけ。

というのも、就職活動では、リクルートスーツを着て、黒髪に染めた人たちがずらっと並びます。世界一無個性といわれるこの日本の就職活動で、印象に残ろうと思ったら、髪を短くするのが一番てっとり早いと考えたからなのだとか。

確かに、ロングヘアで髪を後ろでひとつにまとめた女性たちが並ぶ面接会場では、ショートヘアやボブヘアの人は目立ちます。

採用担当をしている友人に聞くと、「言われてみれば、短い髪の人たちは最初から目につくし、かといって悪目立ちしているわけではないので、好感度が高く、面接後も記憶に残りやすい」と言っていました。

ここでもやはり、「人と同じを脱するなら、短め」の法則が生きています。

❋ショートヘアにすると活発になる

髪を短くすると、個性的に見えたり、活発に見えたりするだけではなく、「実際に」活発になる人がほとんどです。

というのも、**ロングに比べ、ショートやボブは、顔が見える面積が増えるので、顔の印象が主張しやすくなります。**　すると不思議なもので、肝がすわるというか、取り繕うことよりも、自分を主張しようという気分になります。

ショートヘアの人に活発な人が多いというのは、単に髪型にアクティブな印象があるだけではなく、髪がそういう気分にさせるという作用もあるようです。

ポイント

× 女性だったら、ロング一本勝負！

◎ **ロングが多いからこそ、短めで記憶に残る**

美容院での勝率をあげるオーダー法

こうなりたいと決めた髪があったとしても、美容院でそれをうまく伝えられない。思ったとおりの髪型にならないという悩みを今まで何度も聞きました。なかには「なりたい髪型になれた試しがない」と言う人もいます。でも、あきらめるのはちょっと待ってください。今からいうオーダー法を試してみてほしいのです。

※ 一番大事なのは自己開示

オーダーで一番大事なのは「自分の希望」をちゃんと伝えること。つまり、自己開示です。実は、美容院でなりたい髪型が手に入っていない人は、これができていない場合がほとんどです。もし美容院が苦手だったり、過去に失敗した経験があったとしても、一度心をまっさらにして、素直に美容師さんに頼ると決めましょう。そのうえで、オーダーするときのポイントは以下の４つです。

①「おまかせで」と言ってはいけない

初めて会う美容師さんに「おまかせで」とか「似合うようにしてください」と言うのは危険すぎます（ただし、長年おつき合いした気心知れた美容師さんにはＯＫです）。**美容師さんは、髪についてのプロではありますが、エスパーではありません。**あなたの顔型や髪質は見たり触ったりすればわかりますが、あなたが心の中でどんな女性を目指しているかは、話さないとわかりません。

それを伝えずに、「似合うようにしてください」と言うのはちょっと乱暴です。たとえていうなら、「どんな雰囲気の部屋に住みたいか」を伝えずに「素敵な家具をそろえてください」と間取り図を渡すようなものです。

②「なりたいスタイル写真」があるなら、３枚以上見せる

86ページのような作業をして、理想の髪型のイメージが見つかっているときは、写真を見せましょう。

よく「私みたいなブサイクが写真を見せるのは恥ずかしい」「女優の写真なんて持って行ってバカにされない？」と言う人がいますが、断じてそんなことはありません。断言しますが、**なりたい髪型の写真を見せられて張り切る美容師さんは世の中にたく**

さんいれど、バカにする美容師さんは絶対にいません。

ただし、写真は多めにケータイに保存して持って行くのがいいでしょう。3～5枚くらい「こんな感じにしたい」という写真があれば、美容師さんは「ああ、前髪の雰囲気が好きなんだな」とか「全部長さは違うけれど、このウェーブの感じが好きなんだな」ということが予想できます。

このすり合わせができれば、ヘアスタイル選びの精度はものすごく高くなります。

③写真がなければ「褒められたい言葉×髪の長さ」で会話する

もし、画像がないなら90ページを参考にして、**「こんな言葉で褒められたい」キーワードを探し、「その言葉×この長さ」を伝えましょう。**

たとえば「仕事ができて、頼れる上司というイメージにしたいのですが、肩上くらいの長さでどんなスタイルがいいですか？」などと相談するのです。

「かわいく見えるボブ」と、「きれいに見えるボブ」と、「セクシーに見えるボブ」は、すべて切り方が変わります。ですから、オーダーするときは、必ず「○○のように見えるボブ」と伝えてほしいのです。そうすると、美容師さんとあなたのミスマッチは、限りなく少なくなります。

④普段のお手入れ法を話す

家に帰ると自分ではその髪型が再現できないという悩みをよく聞きます。これは、**普段、自分がどんなお手入れをしているかを伝えないときに起こる現象**です。

普段からアイロンで巻くのか。アイロンは使わないけれどもブラシでブローすることは毎日するのか、ブローなんて面倒でできないからハンドドライだけで乾かすことができる髪型にしてほしいのか。

もし、その美容師さんにお願いするのが初めてなのであれば、前の店で切った髪の何がやりにくかったのかも伝えましょう。

そしてできれば、朝にシャンプーする派なのか、夜にシャンプーする派なのかも伝えてください（あとでお伝えしますが、髪に優しいのは、夜シャンのほうです）。

ポイント

×「おまかせで」と伝える

◎「自分の希望」を伝え、自己開示する

彼氏選びよりダンナ選びより重要な美容師選び！

運命の美容師さんに出会えた人は、その後の人生が本当に上向きます。だから、美容師選びは彼氏選びよりダンナ選びよりも重要です。ここではあなたに合う美容師さんを見つける方法をお話しします。

❋いい美容師さんに出会いやすい方法

いい美容師さんに出会う確率がもっとも高いのは、友人の紹介です。「彼女の髪は素敵だなあ」と思える知り合いがいるなら、その人に紹介をお願いしてみましょう。**美容師選びは、婚活と同じようなものです。**やみくもに初対面の人と合コンをくり返していい出会いを探そうとするよりも、気心知れた友人夫婦の紹介などのほうが成約率も高いでしょう。ある程度最初から好みがわかっているし、相手も最初から軽い気持ちではこないはずです。

これと同じで、美容師さんにとっても、「紹介のお客さま」は、「紹介してくれて嬉しい」という気持ちが働きますし、よりいっそう「大切にして喜んでもらおう」という気持ちが働きます。

※最初はトリートメントやスパで来店もアリ

初めて行くお店はとても緊張するものです。気になるお店があるけれどツテがない、でも最初からカットをお願いするのは不安な場合は、**トリートメントやヘッドスパで予約を入れてみるのも手です。**

髪を洗ってくれるのはアシスタントさんかもしれませんが、最終的に髪を仕上げてくれるのは、たいてい美容師さんのはずです。そのときに、髪の悩みや今度やってみたいヘアスタイルのことを話してみましょう。そこで意気投合しそうだったら、もう一度来店してカットしてもらえばいいのです。二度目に来店するときは、勝手がわかっているので、カウンセリングでも伝えたいことが伝えやすいはずです。

※男性美容師、女性美容師、それぞれの特徴

男性美容師、女性美容師の希望を出すのもひとつの手です。

これはあくまで目安ですが、男性美容師さんには、カット技術に自信があったり、

薬剤知識の豊富な人が多い印象があります。男目線から見た「モテ髪」を提案してくれるのも、やはり男性美容師さんならではのいいところです。

一方、女性美容師さんは、自分も女性なので毎日のお手入れのしやすさを意識してくれる人が多いと感じます。作り込まないナチュラルヘアを得意とする人が多いです。

❋当日予約は避けたほうがいい

ただ、いずれの場合も、**初めて行く美容院で当日の直前予約は避けたほうがいい**のは間違いありません。なぜなら、直前予約は「朝礼」に間に合わないからです。

ほとんどの美容院では、**朝礼で、来店するお客さまのカルテを全部出して一日の営業の流れを確認します**。そこにネットや電話で飛び込みの当日予約が入ってくると、どうしても、もともと予約されていた人が優先になります。カウンセリングの時間が十分とれないこともあります。もちろん、長年通っている美容院では、担当美容師さんが空いてさえいれば、直前予約でもいいと思います。ただ、その場合でもやはり「朝礼でカルテを見直して、イメージトレーニングをする」という作業をしてもらえない分、少しだけ不利になります。

※美容院をよく変える人は、損をする

初回客だけに適応される割引クーポンなどを使って、どんどん美容院を変えている人は、明らかに値段以上の損をしています。

どんなに腕のいい美容師さんが担当してくれたとしても、たった1回で思いどおりの髪が手に入るとは限りません。なぜかというと、**今のあなたの髪には、「前の美容師さんのカットの痕跡《こんせき》」が残っているから。**前のカットの痕跡が消え、新しくお願いした美容師さんの実力が活かせるまでには、半年から1年くらいの歳月が必要です。

1回限りでどんどん美容院を変えている人は、毎回歯医者を変えて治療しているようなものです。方針の違う先生をはしごすればするほど、削らなくてもいい歯を削ったり、治療に二度手間が生まれたりします。美容院も一緒です。少なくとも2～3回は同じ美容師さんに通うつもりで話をしてみましょう。

ポイント

× 初回クーポンで毎回違う美容院に行く

◎ 何回か通うつもりで話をする

「あなたらしい」はあとからついてくる

❋ 髪を変えれば、勝手にそれ以外もついてくる

なりたい自分を最優先させて髪型を変えると、不思議なもので、**髪以外の見た目や言動もそれにふさわしいものにしようという力が働きます。**

この章の最初で話した人の例のように、「稼げる自分になれそうな髪型」に後押しされて、ファッションもそのように見える服を選ぶようになったり、実際に仕事もテキパキできるようになったりします。

「恋をする気がある自分という髪型」に後押しされて、服やメイクもその髪に合うものを選んでいるうちに、実際に恋がしたい気分になったり、フェロモンが出やすくなったりするのです。

このように、見た目や、その人の言動や心持ちにダイレクトにつながる働きかけは、メイクや服を変えたときよりも髪を変えたときのほうが強くなります。

それは、やはり髪がメイクと違ってクレンジングで落とせず、服と違って着替えることができず、24時間365日、自分にくっついているものであることと関係があります。

髪は常に自分と離れない自分自身そのものです。だから、髪に影響を受けて言動や気持ちも変わっていくのです。言動や気持ちが変わると、運命も変わっていきます。

❈「あなたらしさ」の呪縛から解放されて

あなたが髪型をガラッと変えて、新しい人生を踏み出そうとしたときには、「その髪型はあなたらしくない」と、批判するようなコメントをする人もいるかもしれません。それは友人のときもありますし、親や兄弟のときもあります。

でも、その人たちが押しつける「あなたらしさ」にとらわれる必要はまったくありません。なぜなら、あなたは「なりたい自分に生まれ変わる」ために髪を変えたのだから。

もし、なりたい自分が、以前の自分ではなく、今の自分なのだとしたら、躊躇なく、今の自分を優先しましょう。そして、その自分をもっとあなたらしく自分のモノにしていってください。

新しい髪型のあなたに初めて出会った人にとっては、今日のあなたが「あなたらしく」見えています。**新しい髪を手に入れた自分のほうに、「らしさ」を寄せていけば、それは次のあなたらしさになります。**

※髪を変えたら、「別人になる」と決める

髪を変えたら、別人になると決めましょう。あなたの見た目はすでに「なりたかった自分」に近づいています。あとは、その髪にふさわしい、服やメイクや仕草を自分のものにしていくのです。

自己啓発のセミナーのプログラムに「プリンセスごっこ」というメニューがあるそうです。

自分がお姫様だったらどう振る舞うだろうかと考え、毎日それを意識して過ごすことで、「実際に」自分自身の思考と行動が変わっていき、「実際に」周囲の人がまるでお姫様かのように丁重に接してくれるようになるというのです。

ここではわかりやすく「お姫様」としましたが、これはもちろん、憧れている「上司」でもいいですし、おしゃれな「先輩」でもいいわけです。自分がなりたいと思っ

た女性の思考をトレースして振る舞うことが、プリンセスごっこです。

そして、そのコーチをしている女性と話をしましたが、プリンセスごっこで一番効果が現れるのが速い人は、まず見た目をわかりやすく変えた人だそうです。

人は思考や行動を変えるよりも先に、見た目を変えたほうが、別人になり切れるから。彼女いわく、髪を最初に変えることは、思考や行動の変更を促すのに、とても理にかなったいい方法だとのことでした。

くり返しますが、髪を変えたら別人になると決めましょう。あなたが選んだ**理想の髪が基準となり、服もメイクも仕草も、そして態度も自然と変わっていきます。**

ポイント

× 今の自分に髪を似合わせる

◎ 髪に合わせて自分を変える

第3章

髪はほぼ、色気

女の色気は「先っぽ」に宿ります。爪の先、まつ毛の先、
そして髪の毛先。

指をからめたくなるようなやわらかい毛束。
頬に落ちる前髪のアンニュイな影。
抱き心地のよさそうなふわっとした質感。
香水とは違う、シーツに残る髪の香り。
思わず触れたくなる、なめらかなツヤ髪。
髪をかきあげたときに動く、二人の間の空気。

自分の髪を大切に扱えば扱うほど、女は女らしくなっていきます。

そして、女が女らしくなると、男は男になってくれる。

女に生まれてよかったと思えるのは、こんなとき。女の色気は、髪に宿ります。

髪のやわらかさは恋人のためだけに育てる

女らしさという言葉から想像するのは、「やわらかいこと、あったかいこと、なめらかなこと」。だから、恋が始まったら、彼のためにこの3つを育てたい。

そして、この3つのうち、**やわらかいことと、なめらかなことは「髪」の担当**です。

❋ 世界でたった一人のためにきれいになる

私の周りには、アメリカンナイズされたコミュニケーションをとる人が多く、握手は当然のこと、ハグしたり、ほっぺとほっぺをくっつけて愛情表現するところまでは日常的によくあります。

でも、髪だけは絶対的恋人限定領域。

どんなに親しい間柄でも、髪は触らないし触らせない。女性にとって髪は、世界60億人のなかで、たったひとり、恋人だけが触れていいパーツです。

髪をやわらかく「見せる」ことや、なめらかに「見せる」ことは、自分をきれいに見せるため。でも、実際にやわらかくてなめらかな髪を育てるのは、恋人のため。

彼の指先にとって気持ちのいい髪だったらいいなと願いながら髪を乾かすと、髪の触り方も丁寧になるから不思議です。

もちろん高価なトリートメントも、いいドライヤーも、髪を美しくしてくれます。でも、それ以上に**女性を美しくしてくれるのは、自分を大切にしよう、自分を丁寧に扱おうという気持ち**です。

髪は乱暴に触ればがさつに育っていきますし、愛おしんで触れば美しく育っていきます。

だから、まずは、彼にとって心地よい髪を育てると決める。そして、彼に触られたいと思う触り方で自分の髪を優しく扱いましょう。愛される髪になるために、まず自分が自分の髪を愛してあげるのです。

ポイント

✕ 無造作に自分の髪に触れる

◎ 自分の手を彼の手だと思って髪に触れる

恋と一緒に髪を育む

ファッション誌の撮影をしていると、同じ読者モデルさんと月に何度も会います。そのとき「あれ？　なんだか雰囲気が変わったな」と思って「彼氏、できた？（変わった？）」と聞くと、かなり高い確率であたります。モデルの間で、私の嗅覚《きゅうかく》は有名でした（笑）。

でも実はこれ、嗅覚でもなんでもなく、来る日も来る日も彼女たちの髪をよく見ているからわかることなのです。

恋をスタートさせた女性の髪はとてもきれいです。自分のためではなく、誰かのために美しくなりたいと思って髪に手をかけるから、毛先にまで色気が宿ります。

同時にマンネリ化してきた恋のにおいも嗅《か》ぎ分けられます。女の「飽き」は真っ先に髪に現れるからです。恋が終わる前の髪は、どこか疲れています。

❋ 恋と髪の24時間360度

恋と一緒に髪は成長していきます。

つき合い始めの頃は、ただただ彼のことをもっと見ていたくて、いつも向かい合って座っている。彼から見える自分も、多分、真正面の自分です。

この時期は、ちゃんと鏡に向き合いたい。朝はもちろんですが、彼に会う前にも一度必ず、鏡の中の髪を確認する習慣をつけましょう。

前髪は整っていますか？　フェイスラインの髪はちゃんと甘く揺れていますか？

少し関係が深まってきたら、見られるのは横顔です。ただお互いを見ていたら幸せだった時間が終わって、隣にいればほっと落ち着くようになってくる頃。彼との関係は横顔の関係に変わります。

同じものを隣で見ているのに、違うことを感じていると知る驚きや新鮮さ。尊敬の念や感謝の気持ち。恋が愛情に変わるこの時間を積み上げていくことはきっと大切。

この時期は何度もお互いの横顔に話しかけることになります。

自分の横顔を見たことはありますか？　**彼から見えているのはほとんど髪です。**キユーティクルは整っていますか？　後頭部はふわっとしてますか？

一緒に暮らすようになると、とたんに後ろ姿を見られることが増えます。キッチンに立つ姿も、玄関で靴を履く仕草も、寝返りをうったあとのベッドの中でも。

ドキドキよりも安らぎ。新鮮味よりも安定感。幸せな時間のなかで気持ちがほどけていくのはいいのですが、このとき髪への意識も一緒にゆるんでいくと、あまりいいことはありません。女が女であることをやめてしまうと、男も男でいられなくなるからです。

女の油断は、髪にまっ先に現れます。とくに、後ろ髪には無防備な女の本音が見え隠れします。彼の前でずっと女性でいたいなら、一番見られている後ろ姿をメンテナンスしましょう。

パートナーとのセックスレスに悩む女性は、たいてい髪に油断が現れています。まずは髪の毛から女を取り戻すことを始めてみましょう。

最後に美容院に行ったのはいつですか？

切りたての毛先のみずみずしさにまさる新鮮さはありません。

カラーリングはどうですか？

彼が好きな色に染まっていますか？

彼との時間が流れたら流れた分、髪もアップデートしていきましょう。

今よりもっと好きになってもらうために。今よりもっと自分が自分を好きでいられるために。

ポイント

× 鏡の中の自分を見る
◎ 彼目線の自分を見る

美しい髪はDNAがよく見える

しばらく恋から遠ざかっているのであれば、まず、髪を整えることから始めましょう。恋に落ちるには、恋に落ちることを予感させる髪が必要です。

❋ すっぴんが好まれる顔　すっぴんだと引かれる髪

化粧品メーカーに勤める男性陣とお食事に行ったときのことです。

カバー力の強いファンデーションについて話題が及んだとき、商品開発部の30代の男性が「化粧品を売っている身で言うことじゃないですが、世の中にメイクが濃い女が好きな男はいませんよ」と爆弾発言したところから、話は一気に「彼女（奥さん）にしてほしいメイクについて」で盛り上がりました。

その場にいた男性7人全員に共通していたのは「顔はすっぴんに近ければ近いほどいい」「メイクしてないの？　と思わせるくらい薄いメイクがいい」ということ。なかには「メイクが濃い女性は怖くて近寄れない」と言った男性もいました。

日本で一番化粧品の恩恵を受けている男性たちでも厚化粧は嫌いなんだなあと思い、笑いながら聞いていたのですが、驚いたのは、このあとです。

顔はすっぴんのほうがいいと言う彼らなのに、全員が全員「でも、髪だけはきれいに整えてほしい」と言うではないですか。いわく、「髪がボサボサだと女を捨てているなと思う」「髪に気を使わなくなるとおばちゃんの証拠」と、辛辣《しんらつ》です。

彼らの言葉が気になった私は、当時担当していた雑誌の誌面でもアンケートを実施しましたが、9割以上の男性は彼らと同意見でした。

つまり、**顔はすっぴんがいいけれど、髪がすっぴんなのは嫌。**

髪に手をかけないと、男性からは「圏外」扱いされてしまうのです。

❋ 髪がきれいな女は「生まれつききれい」に見える

ではなぜ、男性は、「顔はすっぴんがいいけど、髪は整っているほうがいい」と言うのでしょうか。

その答えをズバリ教えてくれた人がいました。口コミで話題になり、今では数か月先まで予約のとれない恋愛カウンセラーの方です。

その答えとは
「男性は、本能的に『いいＤＮＡを持っていそう』な女性を好きになるから」

メイクは濃ければ濃いほど、生まれつきの顔がわからなくなり、男性を不安にさせる。

でも髪は「身体の一部」だから、**その髪がきれいだということは、男性が「彼女のＤＮＡはいいＤＮＡだ」と感じ、恋愛対象になる。**

身体にメスを入れず、かつ服やコスメなどの「自分以外」の力を借りず、「素」のままの自分の見た目を変えられるとしたら、それは体型か、髪しかありません。

理想のボディラインを作ることは一朝一夕ではできないけれど、髪をきれいに整えることは今日からでもできます。

具体的には、キューティクルを整えたり（44ページ）、ひし形を作ったり（50ページ）、後頭部にボリュームを出したり（41ページ）、髪色に季節をまとったり（66ページ）してみましょう。

男性の本能にささる女は、髪がきれいな女です。

ポイント

×「メイク、上手だね」と言われる

◎「髪、きれいだね」と言われる

彼色に染まってみる、とことん

「もともと女性は太陽だったのに、いま女性は月になり、他の光によってしか輝けない存在になってしまった」と言ったのは、平塚らいてうさんでしたっけ。女性の権利運動に尽力された方です。

でも、こんなことを言うとフェミニストの皆さまに怒られてしまうかもしれないけれど、私は、女性は月であるのがいいなと思っています。

太陽に照らされるたびに、満月であったり、半月であったり、三日月であったり、ときには雲隠れしたりと形を変える。

照らしてくれる男性によって、違う自分を見せることができるのだとしたら、私は断然、月のような女でいたいなと思います。

❋ 彼好みに染まる。まず髪から

私がとても尊敬するあるモデルさんは、そのとき好きな男性の好みにしなやかに染まります。

まずは髪から。彼がショート好きならショートに、黒髪好きなら黒髪に。彼女の大胆なヘアチェンジは、いつもマネージャーさんをあたふたさせています。

そして、髪を変えたら、プライベートのファッションもメイクも、その彼の好きなタイプに寄せていきます。気づくともともとその髪型でその髪色でその服を着て生まれてきたんじゃないかというくらい、その「彼好みのスタイル」が似合ってきます。

ひとつの恋が終わってまた新しい恋が始まると、別人のように雰囲気が変わるので、相手が誰かはわからなくても、ああ好きな人ができたんだなとわかります。**そして必ず彼女が告白する前に、つき合ってほしいと言われている。**いつも、です。

そんな彼女ですが、自分軸がなくてふらふらしている人には見えません。それは、彼女が「彼色に染まる」ことを、自分自身で決めて、自分自身でちゃんと選びとっているからです。

だからこそ、「彼に好きになってもらいたい」という気持ちが見た目に全面に現れているのは、とてもチャーミングです。正直、女の私でも惚れてしまうくらい、全細胞で人を愛する、その愛情のまっすぐさが、魅力的です。

「ありのままの自分を好きになってほしい」という人もいるけれど、私が男だったら彼女みたいに自分の好みに寄せてきてくれると嬉しいだろうなと思います。

だって、恋人なんて（一応）たった一人なわけなのです。その一人に選んでもらえているのだから、彼の好みを自分でまかなえるなら、できるだけまかなってあげたほうがいいのではないだろうか。

❋「新しい自分」を見つけるチャンス

それだけではありません。**彼の好みに寄せるという行為は、今まで出会えなかった自分に出会えるチャンスでもあります。**

「ありのままの自分を好きでいてほしい」とは、言ってみれば「自分はこれ以上変わる気も成長する気もありません」と言うのと同じです。

いったん、自分のこだわりを手離して、彼が好きな女性に近づいてみるのはどうでしょうか。彼のために自分の「初めて」を差し出せるって、幸せなことな気がします。

彼が喜んでくれて、自分も新しい自分を発見できるのであれば、一石二鳥。「彼のために自分を変えるなんて」と思っている女性より、私はそっちのほうが愛おしいと思う。

そして、何度も言いますが、服とメイクと髪のなかで、**一番「イメージチェンジした感」が強く出るのが、髪**です。

私が尊敬するモデルさんのように、まず髪を変えてから、服やコスメを徐々に買いそろえていく方法が一番スムーズにイメチェンできます。

未知の自分に出会えるのが、恋の醍醐《だいご》味《み》。

女なのだから、彼に照らされて、半月になってもいいし、三日月になってもいい。照らされた部分がどこかというだけのことで、月はずっと丸いままです。あなたの素敵な部分が失われるわけではないのです。

愛した男の人の数だけ、いろんな顔を持てるようになるしなやかな女性は、素敵だと感じます。

ポイント

×「ありのままの自分」にこだわる

◎「いつでも変われる自分」になる

ギャップが女の底を深くする

髪は形状記憶合金ばりにワンパターンでいいと言いました。ですが、恋をもっと深めたいなら、話は変わります。

彼に「いろんな自分を知ってほしい」と思ったときに、髪ほどそれに適したパーツはありません。デート中に服を着替えることは普通できないけれど、髪は簡単に着替えることができるから、です。

❋帰国子女は3回髪を変える

ある友人が、**「帰国子女はみんな、一度の合コンで3度髪を変える」「そして彼女たちはもれなくモテる!」**と発言していて、とても興味を持ちました。まあ、聞いてください。

彼女たちはまず、さらさらのストレートヘアで合コンに現れます。一見清楚《せいそ》な雰囲気です。

ところが、お酒が進んで話が盛り上がってくると、彼女たちは途中でその髪を全部片方に寄せます。つまり、片方のうなじが出るわけです。さっきの清楚な雰囲気はどこへやら。急に色っぽい女の顔になります。

そして締めのパスタや雑炊が出てきたところで、おもむろに髪をクリップでまとめてアップにするのです。ここで、首元は全開になります。

彼女からその話を聞いて、私もその後、帰国子女の女性が参加する飲み会でじーっと観察したところ、なんと、まったく同じコースで3パターンの髪型を見せてくれ、「これのことかーー!!」と思いました（これ、海外のスタンダードなのでしょうか）。

その一部始終を見た結果、断言します。**これは、髪が長い女性たちは、すぐにでも真似するべきです。**その場にいた男性は、みんな彼女の一挙一動にドキドキしていました。はっきり言って、モテます。ズルいくらいにモテます。

というのも、まず、髪を片方に全部寄せるスタイルは、本当に色っぽい！　私は目の前で見ていたので誓って真実ですが、その女性が髪を片方に寄せた瞬間、その場の男性全員の視線が彼女のうなじに釘付けになっていました。

そして、私は見逃さなかったというか、聞き逃さなかったわけですが、髪をまとめてアップにした瞬間、私の隣に座っていた男性がごくんと生唾《なまつば》のみました。これは、カーディガンを脱いでノースリーブになるより、正直、ドキっとするわけです。

ストレートからの、片寄せからの、アップスタイル。ロングヘアの人は練習してみてください。

❋ 鏡の中に、新しい自分を探す

とはいっても、そんなに大きなチェンジじゃなくても、ほんの少し髪を変えるだけで普段の自分とのギャップは生まれます。

普段は出さない耳を出してみたり、毛先をちょっとだけ巻いてみたり、ご飯を食べるときに髪を結んだり。それだけでも、雰囲気はずいぶん変わります。

スタイリング剤を変えるのもおすすめです。最近では、ほんの少しだけウェットな質感を出すスタイリングが流行《はや》っています。お風呂上がりのようなセクシーなニュアンスが出て、それでいて昼間でも浮かない程度のほどよいウェット感です。

男性はいろんな顔を持っている女性にドキッとするものです。ギャップ萌え、というやつです。そして、「この女性と一緒にいたら、楽しそう」と思うものです。

夜、お風呂に入る前に、鏡の前に立って、髪をいろんな方向に動かしてみてください。いろんなスタイリング剤で髪を触ってみましょう。

自分でも気づかなかった自分の髪の表情をつかまえたら、彼の前でもその顔を見せてあげてください。

ポイント

△合コンで服を脱ぐ

◎合コンで髪を脱ぐ

最強のモテ髪、「セントフォースヘア」はいかが？

❋ 女子アナヘアは曲線でできている

もし、たいていの男性に好かれる、最大公約数的なモテ髪はなんですかと聞かれたら、私は迷わず「セントフォースヘア」と答えます

セントフォースとは、小林麻央さん、皆藤愛子さんなど、フリーの人気女子アナの多くが所属する事務所です。朝の情報番組は、どの局にチャンネルを合わせても、セントフォース所属の女子アナたちが出演しています。

女子アナといえば、華やかさを求められる職業です。かといって、女優やモデルのような近寄りがたさは不要で、むしろ、一般人でも手が届くかもしれないと思わせる身近な好感度も必要です。職業柄、数多くの男性に愛されなくてはいけない彼女たちの髪型は、言ってみれば、**最大公約数のモテ髪**といえます。

さて、そんな女子アナを数多く抱えるセントフォース事務所のホームページを開いてプロフィール写真を見ると、驚くほどみんな同じ髪型をしています。

その特徴は、

①7：3分けの斜め前髪

②清楚な雰囲気のさらさらヘア、ただし毛先は内巻き

③髪色は派手すぎないブラウン、です

パッツン前髪の人は1人もいないですし、真っ黒髪も、金髪もいません。ウェーブヘアもいませんし、ベリーショートも1人もいません。

斜め前髪で曲線を出し、毛先の内巻きでさらに曲線を出し、髪色でやわらかさを出す。見事に女性らしさをそのまま絵に描いたような髪型です。

とにかく男性に好かれたい。そう思うのであれば、お手本は迷わず、女子アナヘアです。

ポイント

× 女子アナ？　興味なし!!

◎ 男性ウケを目指すなら、あざとく女子アナヘア

不在時の存在感を髪に託す

恋が上手な女性は、自分の「髪の記憶」を男性に残して帰ります。


恋をした女性は、本当は四六時中彼と一緒にいたいもの。

でも当たり前ですが、そんなことはできないから、そのかわりに、会えない時間の全部に彼の記憶を敷き詰めて、この仕事の時間も、この読書の時間も、このバスタイムも、全部彼のために女を磨く時間に使おうとするのが女性です。

女とは、つくづく健気《けなげ》な生き物で、つくづく、好きな人のためにしかきれいになれないものなのだなと感じます。


でも、男性は違う。

悔しいくらいにプライベートと仕事を切り分けてくるし、プライベートでも2人の時間と1人の時間を切り分けてくる。

私たち女性がこんなにも、彼の不在時に彼の存在を強く感じているのにくらべて、なんて薄情なのかと、そう思ってしまうこともありますよね。

※五感に残る女になる

でも、世の中には、なぜか「男に忘れられない女」「男が常に気になる女」が存在します。

彼女たちの共通点は、男性の五感に「髪の記憶」を残してきていること。とくに、触覚と嗅覚に、彼女たちは自分の存在感を残してきています。

触覚とは手触りのこと。
嗅覚とは香りのこと。

彼女たちは、決して「私のこと、忘れないでね」なんて、野暮なことは言いません。
そのかわりに、彼女たちは、男の触覚と、嗅覚に記憶を残してくるのです。自分の、髪を、使って。

髪の手触りについてはこの章の最初で触れました。

とくに、ふわふわのエアリーな髪は男性の髪にはない質感です。空気をはらんだ髪を握ったくしゅっという触感は、女らしさの象徴として、男性の記憶に残りやすいみたいです。


そして、香り。

彼女たちがデートの前に仕込んでいるのが、髪の香りです。

風に吹かれて揺れると香る清楚な香りや、髪に顔をうずめた人だけが知るセクシーな香り。彼女たちは、そんな香りを、恋の場に持ち込みます。

ある女優さんは、**「私がいないときも私のことを思い出してほしいから、シーツにね、自分の髪の香りを置いてくるの」**と表現して、可愛らしく笑いました。

自分の痕跡を残すために、彼の家にピアスや歯ブラシを置いてくるよりずっと、スマートだし大人だし、何より、色っぽい。

髪の香りは、体温と溶け合って湿度をはらんで、生っぽい香りになります。香水とは違う、距離を縮めた相手だけに伝えることができる押しつけがましくない香りです。

だから、シャンプーだったり、ヘアクリームだったり、ヘアオイルだったり、なんでもいいので、自分が好きな香りを髪にまとってみませんか。

自分のかわりに彼のそばに置いてくる香りだから、自分の分身だと思って、妥協せずに探しましょう。その香りをまとったときに、自分の中にある女のスイッチが入る香りならなおよしです。

ポイント

× 彼の家に「私物」を残していく
◎ 彼の家に「香り」を残していく

はらり揺れる毛束で影を仕込む

再び「命毛（いのげ）」の話をさせてください。

3キロやせて見せたいときに、フェイスラインにかかる毛を作って、ほほ骨を隠すのがいいとお話ししました。

このとき、フェイスラインにかかる顔まわりの毛が、「命毛」です。

この命毛ですが、**ダイエット効果があるだけではなく、恋にも効きます。**そして、恋方面で使うときは、命毛を揺らして影を仕込みます。

フェイスラインにはらっと落ちる毛は、それだけでもともと色っぽいものです。それが曲線で、しかも揺れる毛だったときは、なおさらです。一気に女の濃度をあげてくれます。

男性は揺れるものを追いかける性質があるので、デートのときは揺れるピアスをつけましょうと指南している恋愛記事をよく見ますが、髪も同じです。

揺れる髪はやわらかそうだし、目で追いかけたくなるし、触りたくなる。髪と一緒に影も揺れるので、よりアンニュイです。


後れ毛も同様です。大事なのはルーズ感。ひとつ結びにしたり、アップにしたときに、少しだけ耳後ろに残る毛は、色っぽい。

もし、自分が「隙のない女だ」とか「男の人に甘えるのは苦手」という自覚があるなら、こんなときこそ髪の力に頼りましょう。

恋の始まりにはいつでもあやうさが必要です。どこに動くか自分にもわからない、揺らいだ毛先は、男性の気持ちもゆるませます。


命毛や後れ毛の毛先をゆらっと揺らすためには、アイロンで巻いてもいいのですが、毛束を指でねじって、ドライヤーの熱風をあてたあと、そのましばらく冷まして指をはなすだけでも大丈夫。ほわんと揺れるうねりが出ます。

※まとめ髪も揺らぎが大事

大人のまとめ髪は、どれだけきっちり見せないかが勝負の分かれ道です。抜け感とルーズ感。これが、いい女の代名詞です。

髪をひとつまとめにするときは、まず、髪をちゃんとブローしてからまとめます。思いっきり直毛の人なら、毛先を少し巻いておくのもいいでしょう。どうせまとめるのだからといって、ボサボサのまま結んでしまうと、ルーズではなく、ただのだらしない髪です。

髪をひとつに結んだら、結んだゴムの部分を持ちながら、指先にワックスをのばして、トップの髪を数か所引き出して高さを出しましょう。このひと手間で、一気にこなれたひとつ結びになります。

お団子も同様です。まとめたお団子側をたるませることと、トップや後頭部を指で引き出してルーズ感を出すだけで、いい女の余裕が出ます。

そして抜け感の対極にあるのが「ひっつめ」です。

ひっつめの語源は、「引いて詰める」。つまり、きちきちにゆるみなくまとめた髪のことで、堅物なイメージを持たれてしまいます。
恋に落ちたいときは、ひっつめは封印してください。

ポイント

×「完璧な女」になる
◎「隙のある女」になる

がけっぷちの恋なら、髪を変える

彼が冷めてきたなと感じて怖いとき、元カレとヨリを戻したいとき、振り向いてもらえなさそうなムリめな相手を狙《ねら》うとき。一発逆転するなら、あなた自身が生まれ変わるしかありません。そして、てっとり早く生まれ変わるには、髪を変えるしかありません。

❋ マンネリしたモデルは、髪を変えれば、似合う服が変わる

ファッション誌のオーディションや顔見せに合格し、新しく参加してくる新人モデルさんは、誌面デビューする前に「この美容院で髪を変えてきて」と言われるという話は前に紹介したとおりです。

そして、誌面でマンネリしてきたり、読者人気が落ちてきたベテランモデルさんも、やっぱり「髪を変えてきて」と言われます。

多かったのは、コンサバなイメージが定着したモデルさんを、鎖骨下5センチくらいにばっさりカットして、カジュアルさをプラスするようなイメージチェンジです。

髪を切ると似合う服が全く変わってくるので、「髪を切ったというイメチェン」に加えて「その髪で着こなせる服の幅も変わるイメチェン」もかなえられ、二重の効果が期待できます。

髪を切るだけではなく、逆に、ボーイッシュなイメージだったショートのモデルさんの髪を、少しずつ上手に伸ばすのを美容師さんにお手伝いいただき、女性らしい色気を加えていくこともしました。


「そろそろ卒業どきかなあ」というモデルさんが、**ヘアチェンジしたことでまた再ブレイクする**シーンもよく見てきました。**「髪を変えたら、もう一度別人になれる」「人生を再スタートできる」**というのは、何も、大げさなことではないのです。

そろそろ終わりそうな恋も、終わっちゃった恋も、見込みがなさそうな恋も、別人になればもう一回トライできるかもしれません。

❋髪を変えるのが一番早く印象を変えられる

「次にヒットが出なければおしまい」と言われたアーティストさん、「人気が落ちてきた」と言われたモデルさん、「視聴率がのびない」と言われた女優さん。そんながけっぷちの女性たちは、思い切ったイメチェンにトライします。

ちょっとやそっとメイクを変えたくらいじゃ話題にもなりません。しゃべり方を変えたところで、すぐにはみんなに伝わりません。なので、彼女たちが頼るのはやはり、ヘアスタイルでのイメージチェンジです。髪を変えるのが一番てっとり早く印象を変えられるからです。

モデルや女優さんを別人級に生まれ変わらせてくれ、再ブレイクさせてくれる場所として、私たちが最大のリスペクトを込めて「女優再生工場」と呼んでいる美容院があります。

その美容院の美容師さんの手にかかると、もう一度新しい人格が生まれるかのように、キラキラした「別人」が誕生します。髪を変えることで、似合う服やメイク、女優さんなら演じられる役の幅が広がり、大きなステップアップになっていきます。

女優さんのイメチェンといえば、私がまっ先に思い出すのが長澤まさみさん。清純派のイメージが強くお嬢様的な役柄が多かった長澤さんが、映画『モテキ』の役をもらったときに、鎖骨までカットして大胆にイメージチェンジしたときは話題になりました。

奔放でセクシーな役柄を見事に演じ、その後、新境地を開拓。カンヌのレッドカーペットを歩く女優さんにまでなられたのも、やっぱりあのときのあの髪でのイメージチェンジがあってこそだ、と思います。

新しい髪は、女性を新しいステージに連れて行ってくれます。それは、女優さんやモデルさんだけじゃなくて、私たちだって、同じです。

一発逆転したいなら、髪、を変えましょう。あきらめるのはそれからだ。

ポイント

× 泣く、グチる、落ち込む

◎ 髪を変えてからあきらめる

恋と髪を断捨離する

好きな人と想いが通じたとき、女性であれば願うことは一緒だと思います。

「できることなら、これが最後の恋でありますように」

今までの人生で何度この呪文《じゅもん》を唱えたことでしょう。

でも、私たちは知っています。ほとんど全部の恋には終わりがあって、この恋が最後にならない可能性が高いことを。

全体重をかけた恋を失って、傷ついた女友だちを抱きしめたことは何度もあります。

つい先月も、おろしたてのシャツがびしょ濡れになるくらい泣きじゃくる女の子をぎゅっとしていました。

私も彼女もそうだけれど、そういうときは本当に、どうしようもない。身も蓋もなくうずくまって傷つくしかない。

でもだからといって、別れたときにダメージを少なくするために、できるだけ本気にならないように気をつけていた恋だって、やっぱり失ったときは身も蓋もなく傷つくものなのです。

どんなに大人になってもスマートな恋なんてできません。それはもうみんな知っています。だったらブレーキなんて踏まないほうがいい。

駆け引きなんて一切しないで、退路を断って全身全霊かけて恋にのぞむ。不器用だけど愛おしい女性がもし傷ついて戻ってきたら、ひとつだけ伝えたいことがあります。

髪、断捨離しよ、って。

❇ 髪に宿った記憶を捨てる

恋の記憶を最後まで覚えているのは、髪、だなと思います。

細胞は数日で生まれかわります。肌だって新陳代謝していて、2週間前の記憶を持っているスキンは、本当はないのです。

だけど、彼が触れてくれた髪だけはまだそのときの記憶を宿していて、今も自分の体にその感触を残しています。

だから、**失恋したときに髪を切るのは、理にかなっています。**

彼と過ごした年月分の記憶を持っている髪を手離すことで、少なくとも自分の表皮はすべて、彼を知らない表皮に脱皮します。

その事実は、少しだけ新しい人生に踏み出す自分を後押ししてくれます。

それだけではありません。髪を切ることは、彼に対しての決別のメッセージにもなります。

「私はもう、あなたが知っている私じゃない。次のステージに進むと決めました」。

そう宣言できるのが、髪、です。

それで、逃がした魚は大きかったと思わせられればそれでいいし、目にとめてもらえなくてもそれでいい。次に行くしかないとわかったとき、髪を捨てることは、女にとって未練を焼き払う儀式なのです。

思い出のネックレスを捨てるより、LINEのやりとりを消すより、引っ越しをするよりも、実は効きます。髪の断捨離。

「失恋で髪切るなんていつの時代？」なんて言わずに試してほしい。切るのは髪じゃないんです。彼との記憶。彼が触れた毛先の記憶。

私も前述の友人におすすめしました。「ちょっとだけ気持ちが軽くなった」というメールが届きました。よかった。

ポイント

× LINEの記録を消す
◎ 毛先の記憶を捨てる

第4章

髪はほぼ、年齢

男性の年齢が顔に出るとしたら、女性の年齢は髪に出ます。だから、肌のアンチエイジングだけに気をとられていてはいけません。髪こそ、肌以上にちゃんとケアをしましょう。

女性の髪の曲がり角は、35歳。

ということは、「顔50点＋髪50点＝１００点満点」の法則でいうと、髪でライバルと差がつき始めるのが35歳から。そしてその差は数年でどんどん開いていきます。髪に手をかけているか、かけていないかで、見た目年齢が何歳も違って見えてくるのです。もちろん、20代の頃からケアできた人は、その分ずっとアドバンテージを持つことができます。

35歳を過ぎたら、顔ではなく、髪で美人が決まります。
同窓会で、「クラス一の美人の座」を一発逆転できる楽しさ、味わってみませんか。
この章では、髪を若く健康に保つ、ヘアケアについてお話しします。

見た目年齢は髪で決まる

※40歳できれいになる人、脱落する人

私は、40歳からのヘアスタイル＆ヘアケアサイトの編集長をしています。

この美容サイトでは、100軒近い美容院に協力をお願いして、40歳以上の女性のヘアスタイルを撮影させてもらっています。

撮影のモデルさんは、全員美容院のお客さまです。1年以上その美容院に通っている人を出演条件にしていますが、たいていは5年、10年と浮気せず、その美容院に行っているという人ばかりです。早いうちにお気に入りの美容師さんを見つけているので、自分の髪に対する満足度も高い人たちばかりです。

撮影していて驚くのが、みんな実際の年齢よりも3歳から5歳は若く見えるということ。50代、60代の方であれば、10歳近く若く見えることもよくあります。

彼女たちにその若さの秘訣《ひけつ》を聞くと、ほとんどの方が、1～2か月に1回は美容院に行って、白髪を染めたりカットしたりして、髪をメンテナンスしているといいます。

もちろん、定期的に美容院に通うのにはお金がかかります。
でも、彼女たちは髪に投資をしています。それは裕福でお金に困っていないからではなく、**他のことにお金をかけるよりも髪を優先したほうが、若々しく美しく見えると知っているからです。**
ある50代の女性はこう言いました。「ブランドバッグひとつ買うお金があれば、1〜2年分の美容院代になるのよ。そして、髪だけきれいにしていれば、どこに行っても『お若いですね』『きれいですね』って言われるのだから、バッグ買うよりもよっぽどお得じゃない？」と。

年齢よりもずっと若く見える髪には3つの特徴があります。
①ボリュームがあること、②ツヤがあること、③白髪が目立たないこと
この3つを押さえていれば、誰でも必ず若く見えます。この先詳しくお話しします。

ポイント

× あれもこれもとアンチエイジング商品に手を出す
◎ 一番「見た目年齢」に差がつく髪に投資する

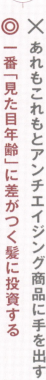

シャンプーで髪を洗ってはいけない

髪で若々しく見せるために、一番重要なのは「頭皮のケア」です。年齢を重ねることで起こる髪の悩みの多くは、実は髪が生えてくる土台である頭皮の老化から起こっています。

加齢によって、髪のツヤがなくなったり、髪がうねりやすくなったり細くなったりするのは、頭皮が下がって毛穴が丸→楕円形に変形してくるからです。楕円形の毛穴からは健康的な髪が生えにくくなります。とくに、顔まわりは皮膚が垂れやすく毛穴が変形しやすいので、年齢を重ねると顔まわりに白髪やクセが出やすくなります。

きれいな髪の毛を生やすためには、まず頭皮のケアが大事です。具体的には、毎日のシャンプー法を見直してみましょう。

❋ シャンプーは髪ではなく頭皮を洗う

シャンプーは髪を洗ってはいけません。シャンプーは、**髪ではなく、頭皮を洗うも**

のだと覚えてください。爪をたててゴシゴシと洗ってはいけないことはみなさん知っているとは思いますが、正しい洗い方は、頭皮に指の腹をあて、指を地肌から離さないままマッサージする方法です。毛穴の汚れをとって健康な髪が生えてきやすい土壌を作り、さらに頭皮をマッサージして、血行をよくするのです。**頭皮が動いている感覚があればOK**です。

とくに、耳の後ろには太いリンパが流れていますので、ここをマッサージすることで、老廃物も流れやすくなります。

中間から毛先は、ワックスなどがついていなければ、お湯だけでも十分汚れは落ちますし、頭皮を洗ったシャンプーが流れていくだけでも十分きれいになります。

頭皮と顔の肌は、別々のものと考えがちですが、一枚皮でつながっています。頭皮がたるんでくれば、そのたるみは顔に出ます。重力に負けてどんどん顔がブルドッグ型になっていきます。

1万円もする美容液を毎晩肌にぬって保湿に命をかけているのに、頭皮にはなんのケアもしていない人を見ると、もったいないと思ってしまいます。まずは、毎日のシャンプーで、頭皮を動かすことを意識してください。

もし、余力があれば、美容院でのヘッドスパもおすすめです。ヘッドスパはいい髪を生やす土台を作ってくれます。単なるリラクゼーションメニューだと思っている人もいるかもしれませんが、頭皮の汚れをとって肌をリフトアップしてくれる効果が高い施術です。エステに行くよりも、よっぽど顔があがる施術ですので、ときどきスペシャルケアに取り入れてみてはどうでしょうか。

❋シャンプーは洗浄力がすべて、は間違い

シャンプーが泡立たないとイヤといって、適量の2倍ものシャンプーを使って洗う人がいますが、これは頭皮によくありません。

顔につける洗顔料はマイルドなものを選ぶのに、頭皮に関しては洗浄力の強さや泡立ちの良さを重視してしまうのは実に矛盾した行為です。頭皮も、肌同様に、優しく洗ってあげましょう。

もし、どうしても泡立ちが欲しいのであれば、予洗いといって、シャンプーをつける前に、一度お湯で頭皮全体を洗っておくことをおすすめします。すると、普通に洗うよりも少量の液でも、ちゃんと泡が立ちます。

❋成分に差がつくのはトリートメントよりシャンプー

もし、シャンプーとトリートメントのどちらかにしかお金をかけられないのであれば、迷わずシャンプーにいいものを使ってください。

なぜなら、高いトリートメントと安いトリートメントは、値段の差ほど内容成分の差はないのですが、シャンプーは、高いものと安いものでは、成分に大きな差が出るからです。頭皮に直接つけるシャンプーは、石油由来の原料ではなく、肌に優しい成分を使ったものを選ぶのがいいでしょう。

シャンプーばっかりは、髪質によって選ぶべきタイプが変わりますので私がアドバイスできることはありません。担当の美容師さんに頭皮や毛の状態を見て選んでもらってください。ドラッグストアで市販のものを買う場合も、美容師さんにアドバイスをもらってから買えば安心です。

ポイント

×シャンプーで「髪」を洗う

◎シャンプーで「頭皮」を洗う

トリートメントの効果を2倍にする

シャンプーは頭皮を洗うものと言いましたが、逆に、トリートメントは頭皮につけてはいけません。トリートメントは、髪の中間から毛先をケアするものです。

トリートメントの効果をあげるつけ方があります。ポイントは2つ。

まず、トリートメントをつける前に、一度水分をふき取ることです。髪がびしょびしょの状態だと、毛の内部は水分で飽和していて、それ以上トリートメントが浸透しにくくなります。

一度タオルで軽く水分をふき取ってからトリートメントをつけると、それだけで浸透がよくなります。

また、トリートメントをつけたあとに、目の粗いコームを髪に通すのもおすすめです。頭皮には約10万本の髪が生えていますが、この1本1本の毛すべてにトリートメントをいきわたらせることはほとんど無理です。とくにロングヘアの人で髪をぎゅっとにぎって絞るようにトリートメントをつけている人は、ほとんどの毛にトリートメントがついていないと思って間違いありません。

コームを通すと、手でざっと髪をなでてトリートメントをつけるときに比べて、ずっとまんべんなくトリートメントがつきやすくなります。簡単にできるプロの技。コームを使う習慣をつけてください。

ここぞという勝負日の前日は、トリートメント2度づけのスペシャルケアをしましょう。 普段どおりにシャンプー＋トリートメントをして流したあとに、髪の水分をふき取って、もう一度トリートメントするのです。即効性があるので、同窓会の前の日などにもおすすめです。髪がぷるっと潤いますよ。

ポイント

× トリートメントを手でつける

◎ トリートメントをつけてからコームでのばす

髪の健康を考えるなら、朝シャンより夜シャン

あなたは朝シャン派ですか？　夜シャン派ですか？　実は、プロの美容師さんにどちらがいいのか聞くと、ほとんどの人が「断然、夜シャンです」と言います。

❋ 夜シャンプーをするメリット

まずひとつめの理由。夜の頭皮と髪は汚れているから。

スタイリング剤の汚れ、空気中のチリやホコリの汚れ、汗や皮脂による脂汚れなど、実は、髪は1日でずいぶん汚れます。これらを落とさずに寝るのは、頭皮にも髪にも負担をかけます。

汚れた頭皮と髪のまま寝ると、枕や布団にも汚れがつき、匂いの原因にもなります。

また、健康な髪は夜寝ている間に生えやすいといわれています。

眠りについてから2～3時間後に成長ホルモンが分泌され、そこで髪が生えてきま

す。この時間帯に、頭皮に汚れがつまった状態だと、健康な髪が生えてくるのを妨げてしまいます。

ですから、抜け毛や薄毛を気にしている人は、とくに夜シャンがおすすめです。

さらに、朝シャンのデメリットもあります。

頭皮に必要な皮脂が分泌するには時間がかかり、シャンプーしてから5～6時間は必要です。**ということは、朝、シャンプーをすると、頭皮がむき出しの状態で外出することになります。**頭皮が無防備な状態で、紫外線などの刺激を受けることになります。

どうしても寝グセが気になる人などは、朝にシャンプーをしてもいいのですが、その場合は頭皮用のUVスプレーなどをして、頭皮を守ることを意識してみましょう。

ポイント

× 朝にシャンプーする

◎ 夜にシャンプーする

髪色メンテナンスできれいがよみがえる

先日、たまたまある女性に同行して、高級百貨店のお得意様限定プレセールに行ったことがありました。

何十万円もするコートを次々と試着して買い物するマダムたちを見ていて、正直こう思いました。

「そのコートに10万円払うよりも、根元に3センチ伸びているその白髪、染めたほうが、よっぽど安い値段で若くきれいに見えるのに……」

❋白髪は若返るチャンス

よく言われることですが、**白髪が出はじめたタイミングからの髪とのつき合い方で、美人度の差が開いていきます。**

たとえばそれまで子育てで忙しくて全然美容院に行けてなかったAさんとBさんがいたとして、かたやAさんは白髪が出てきたタイミングで再び美容院通いを始め、B

さんは白髪が出てきてもあまり気にせず数か月に1回ホームカラーリングをしてしのいでいたとします。

この2人の数年後の見た目年齢は、おそらく、5歳以上は変わって見えるはずです。

40歳を超えて急にきれいになった女性に話を聞くと、「白髪が出てきたから、また美容院に通い始めた」と言う人が多いのです。

単に白髪をカバーするだけではなく、美容院で白髪を染めるタイミングで髪もメンテナンスカットしつづけると、どんどん髪が整い、見た目が若々しくなっていくのです。

1年間伸ばしっぱなしの髪は、1年分のお古を毛先にぶら下げているようなもの。セーターでいえば、毛玉だらけのセーターのようなものです。かたや、2～3か月に1回整えられた毛先はみずみずしいものです。それだけでも若々しく見えます。

もし、白髪が気になってきたら、再び美容院にマメに通って、自分が若返るチャンスだと思ってください。

❋ 美容院カラーとホームカラーの違い

友人からヘアケアについて相談を受けるとき、これだけは絶対にやめたほうがいいと伝えるのは、ホームカラーです。

ホームカラーは一番髪が染まりにくい人に合わせて作られていますから、必要以上に髪を傷めてしまいやすいのです。そして強い薬剤で一度傷んだ髪は、そのあとどれだけケアしてもなかなか修復されていきません。

美容院でのカラーは、新しく生えてきた根元の髪と、すでにカラーリングされている中間から毛先の髪には、違った薬剤を使います。また、カラーリングのあとには、頭皮についた薬剤をきれいに落とし、頭皮を弱酸性に戻す処理などもあり、一人ひとりにあった一番優しい処方でカラーしてくれます。

どうしても今すぐ染めたいからホームカラーにしたいという場合は、根元だけを染めるようにしてください。全体にカラーをもみ込むのはやめましょう。

❋ 白髪染めにショックを受ける必要はない

白髪染めと普通のカラー剤の違いは、ブラウンの色素の割合にあります。

白髪染めはブラウンの色素が多く入っているので、白い髪が染まりやすいのです。

「白髪染めを使います」と言われると、ショックを受ける人がいますが、思っているほど、普通のカラーと違いはありません。

私なんて「私、そろそろ白髪染めしたほうがいいかなあ？」と担当美容師さんに相談したところ「え？　もう2年くらい前から白髪染めを使ってますよ」と言われたくらいです。それくらい、違いはわからないもの。逆に、ブラウンの色素が多いので、普通のカラーよりも持ちがいいというメリットがあるくらいです。

最近は、薬剤もどんどん開発が進んできて、かなり明るめの白髪染めも出てきました。色の選択肢も増えてきて、それまでと同じ色を楽しめることも多いので、美容師さんに相談してみましょう。

ポイント

× コートに10万。でもホームカラー

◎ 服はプチプラOK。カラーは美容院で

明るいヘアカラーは七難隠す

白髪が増えてきた人におすすめするのが、明るいカラーにしてしまうことです。もちろん、明るいといっても金髪にしなさいという意味ではありません。黒髪ではなく、ナチュラルなブラウンに染めるのです。

白髪カバーには、「隠す」と「ぼかす」があります。

隠すのは、文字通り、白を塗りつぶして黒くすることです。前に言ったように、最近の白髪染めは普通のファッションカラーとほとんど変わらない色も出せるようになってきて、昔のような「墨汁ブラック」にはならないことが多いです。

それでも、やはり白髪をしっかり染めるためにブラウンの色素をたくさん配合しているので、普通のカラーよりは、やや色が沈んだ印象にはなりやすいと感じます。

一方で白髪を「ぼかす」のは、白髪以外の毛を明るくすることによって、相対的に白を目立たせなくするという方法です。

たとえば全体を明るめのブラウンにカラーリングすれば、白髪は黒髪の中にあるより目立ちにくくなります。さらに「ハイライト」といわれるような、わざと筋状に脱色して明るくする部分を作ると、より白髪が目立ちにくくなります。


以前、日本初の白髪染めヘアカタログ（『大人が輝くヘアカラーカタログ』）を作ったとき、そこに出てくださった女性100人にアンケートをとったら、約7割の人たちが「白髪でも明るく染めたい」と回答しました。

そこで実際に白髪を暗く染めて隠すのをやめ、髪色を明るくして白髪をぼかすカラーリングをしたところ、ほとんどの人がすごく気に入って「これからは明るいカラーにしていく」と言いました。


確かに、ファッションやメイクがエイジレスになってきている時代、髪だけ真っ暗というのは、全身のバランスも崩れるし、そこだけ歳を感じてしまいます。

明るめのカラーリングは、肌うつりもきれいに見せてくれますので、くすみがちな大人女性の肌をきれいに見せてくれます。

白髪部分は明るいブラウンに染まりますから、自然と髪が軽く優しい印象になります。似合う服のバリエーションも増えますし、明るいカラーリングは、いいとこだらけです。

❋白髪が目立たない髪型とスタイリング

白髪があっても明るめカラーリングをするメリットは、20代、30代のときと同じようなヘアカラーをしていることで、若々しく見えるからだけではありません。

髪が明るいと、真っ黒に染めたときに比べて、根元から白髪が伸びてきても目立ちにくいというメリットがあります。

さらに、髪を乾かす方向によっても伸びてきた白髪が目立たなくなります。顔まわりの髪を、後ろではなく前に乾かすのがポイントです。

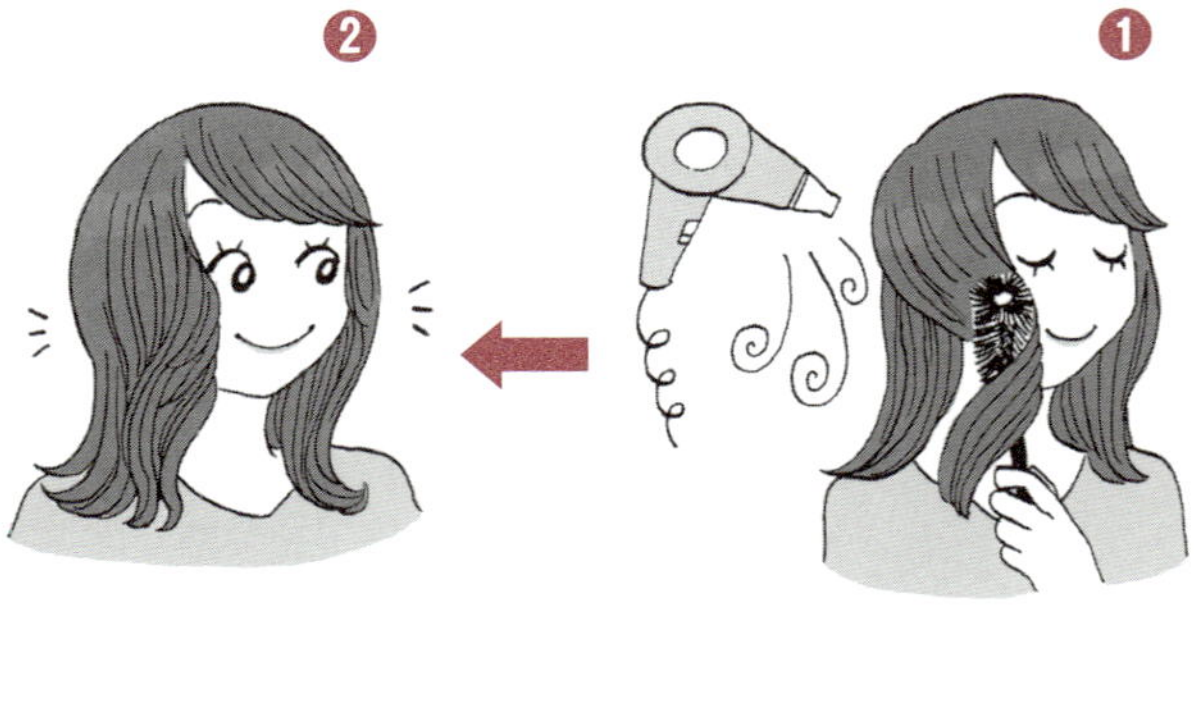

フェイスラインの毛を前方向に乾かしておくと、正面から見たときに根元が見えないので、生え際の白髪が気にならなくなります。
このテクニックを使ってスタイリングすれば、次に美容院に行くまでの最後の1週間を乗り切りやすくなりますよ。

白髪は、色素がないぶん黒髪よりも軽く、水分が少ないぶん黒髪よりも乾燥していてねじれやすくうねりやすくなっています。ですから、**白髪が出てきたら、自然乾燥はご法度です。**必ず熱を与えてブローして、髪の表面を整えてくださいね。
白髪とのつき合い方ひとつで、女性の見た目年齢は大きく変わります。白髪がある今だからこそできる、明るく軽やかなカラーを楽しみましょう。

ポイント

× **白髪は黒く染めるしかない**

◎ **明るくして白髪をぼかすこともできる**

「見た目年齢をコントロールする毛」がある

どんな女性でも、5歳老けて見せる毛があります。

それが、顔まわりに落ちた1本の毛です。しかも、その毛が〝ちょびうねり〟だったりすると、もっと老《ふ》けて見えます。

私たちは、撮影現場でこの毛のことを「老け毛」と呼んで、徹底的に退治します。**この毛が1本あるかないかだけで、5歳は年齢が違って見える**からです。

逆に、映画やドラマなどで疲れた雰囲気を出したいときや老け顔にしたいときは、わざとここの毛を出します。

古い例で恐縮ですが、『おしん』の主人公のような生活に疲れた女性を表現するときにも顔まわりに毛が落ちていましたし、戦争映画などでも、この老け毛を出すことで生活に余裕がない様子を表現します。

大河ドラマで20代〜60代まで演じ切る女性は、物語の後半にいくほど、顔まわりに毛を落としていきます。それくらい、この毛は見た目年齢に直結するのです。

そういえば、先日『東京ラブストーリー』のその後の漫画が掲載され、20年ぶりに漫画版赤名リカを見ましたが、顔は変わっていないのに、顔まわりに1本老け毛が描かれているだけで、20年ぶんしっかり歳をとっていました。それくらい、この毛には破壊力があります。

❋ドライヤーの冷風が年齢を決める

では、この毛の退治法についてお話しします。

第1章で、きれいな髪は夜に作られるから、夜にブローをしましょうと言いました。でも、しっかりブローをしても、朝起きたら前髪や顔まわりの毛だけはクセが出てうねってしまっていることがあります。なので、この毛だけは、朝に対処しましょう。

具体的には、ドライヤーの冷風をうまく使います。

まず、クセをとりたい毛を指ではさんでまっすぐに引っ張り、ドライヤーの熱風を10秒あてます。

そして、そのあと10秒間、ドライヤーの冷風をあてます。「まっすぐの形」を、冷まして固定するのです。冷風がないドライヤーなら、手で持ったまま熱がとれるまで待つだけでも大丈夫です。

このとき、ひとつ注意点があります。ドライヤーの熱は、毛先ではなく、根元にあててください。**というのも、髪は根元がまっすぐにならないと全体がまっすぐにならないからです。**毛先にアプローチしても意味がないのです。毛の根元をまっすぐに引っ張りながら温めることで、クセがなくなります。

耳にかけた毛がうねるときも、この方法でまっすぐに戻すことができます。耳かけのうねり毛も老けを呼ぶ毛ですので、ここぞというときは退治してください。

また、表面にぴょんととび出てくる短いアホ毛（関西ではバカ毛というらしいで

す）**もやはり女性の顔を疲れて見せます。**この短い毛は、指で毛を折り曲げてドライヤーの熱を与えるとおさまりよくなります。産後脱毛のあとに出てくる短い毛も、同じ方法で対処できますよ。

「なんか疲れてる？」と聞かれたときは、肌ツヤだけをチェックするだけじゃなくて、顔まわりにうねった毛が出ていないか、アホ毛が出てしまっていないかをチェックしてみてください。

ポイント

×ドライヤーの「温風だけ」で乾かす

◎ドライヤーの「温風＋冷風」で乾かす

ボリュームで5歳若く見せる

髪にボリュームがあると、それだけで若々しく見えます。逆に、髪がぺたんとすると貧相で老けて見えます。

でも、このボリュームこそ、髪の触り方ひとつでコントロールできるものです。ここではスタイリングとヘアデザインでボリュームを出す方法をお伝えします。

❋ 前髪でマイナス5歳

まず、印象を一番左右する前髪で、ボリュームを出す方法があります。簡単なのは、前髪を乾かすときに、一度、流したい方向とは逆に髪を乾かすこと。つまり、右に流したいなら、一度髪の根元を全部左側に引っ張りながら乾かします。そして、そのうえで本来流したい方向に前髪を流すと、前髪の根元に立ち上がりがつくので、簡単にふわっとボリュームが作れます。

❋分け目のとり方で若く見せる

髪の量が減ったりコシがなくなってきたら、分け目が薄くなって目立ってくるはずです。ですから、**できるだけ分け目をきちんとつけないほうが若々しく見えます。**

さらに、分け目をとる角度によってもボリュームを出すことができます。人は、分け目の部分の地肌が気になると、「髪が薄い」と感じます。ですから、地肌が見えなくなるように分け目をとるのです。

具体的には、顔に対してまっすぐ分け目をとるのではなく、斜めに分け目をとってみてください。頭の中央に向かって分け目をとるイメージです。この分け方をすると、髪を分けたときに、前髪に隠れて分け目部分の地肌が見えないので、いきなり髪がふっくら見えてきます。

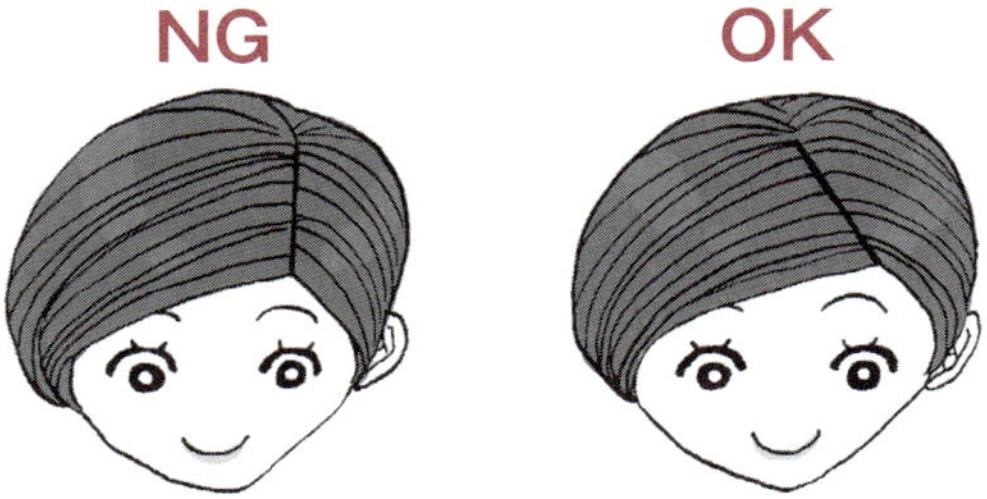

❋根元を起こしてふんわりボリューム

髪のボリュームを出すのもつぶすのも、ドライヤーのあてかた次第です。ふんわり見せたいのであれば、**ポイントは生えグセに逆らって乾かすこと**です。

とくに後頭部は、髪が生えている方向と同じ方向に髪を乾かすと、髪の毛が寝てしまいぺたんとなってしまいます。根元を起こして、毛が向かっている方向と逆に引っ張り、根元にドライヤーの風をあてましょう。こうすることで、根元に立ち上がりができ、ふわっとボリュームが出ます。

❋マジックカーラーを使う

トップと後頭部にマジックカーラーを使うのもおすすめです。分け目をまたぐように毛束をとったら、頭頂部より前は前方向に、頭頂部より後ろは後ろ方向に毛束を巻いて、ボリュームを出しましょう。

急いでいるときは、ドライヤーの熱風をあててから、冷風を10秒あてて乾かすと立ち上がりのクセがつきやすくなります。

❋ショートヘアのえり足はしめる

トップや後頭部、前髪のふんわり感を強調するためには、逆にきゅっとくびれている部分があることが重要です。ショートヘアのえり足は首に沿うようにしっかり根元をおさえて乾かしましょう。

えり足の根元が浮いていると、相対的に後頭部のふんわり感が目立たなくなります。後頭部とえり足の関係は、おっぱいとウエストのようなもの。出すところを出し、引っ込めるところを引っ込めるのが、グラマラスです。

※ すかすかの毛先を切ってロブにする

もし、ロングヘアの人で、毛先がすかすかでボリュームが出ないと思っているのであれば、その毛先部分を切って重めのシルエットにチェンジしてみましょう。

最近話題のロブ（ロングボブ＝長めのボブ）は、大人の女性にこそ試してほしいスタイルです。ここ数年40代の女優さんたちがこぞってロブにヘアチェンジして見事に若返りました。

毛先の薄さには年齢が現れます。ロブは、薄くなった毛先を切ってたっぷりとした厚みを出すのにちょ

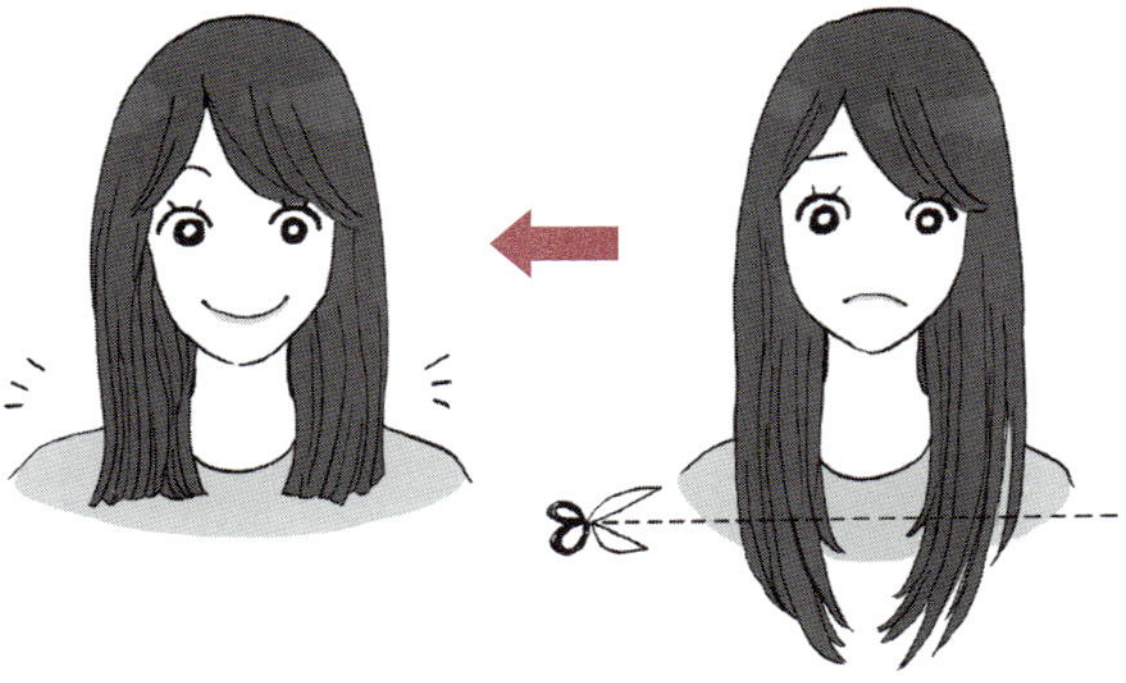

うどいいのです。突然、若々しく華やかに見えますよ。

❋ パーマをかける

美容院でパーマをかけるのもおすすめです。パーマというと、過去に失敗したから怖いという方が多いのですが、**この場合のパーマは「形を変えるパーマ」ではなく「ボリュームを出すパーマ」です。**ロッドを何本も巻いてくるくるにするのではなく、数本、トップや後頭部に巻いてふわっとさせるだけでOKです。

ボリュームをあやつることができた人から、髪は「若見え」していきます。

35歳を超えたら、髪とのつき合い方で、年齢の印象が変わります。「見た目年齢は髪が決める」と思って、今まで以上に髪に時間を投資しましょう。

ポイント

✕ 20代と同じスタイリングをする

◎ 35歳を超えたらスタイリング法を変える

おわりに

髪はほぼ、生命力

昨年、ご縁があって、医療用ウィッグの書籍を作らせていただきました。抗がん剤の治療で脱毛に苦しんでいる患者の方々に、すべて人毛でカットもカラーリングもパーマもできる、だから治療前の髪型と近いヘアスタイルが作れるウィッグを知ってもらうための書籍でした。

書籍を作るにあたり、クラウドファンディング（ネット上での募金）でその資金を集めました。たくさんの方が募金をしてくださいましたが、なかでも多かったのは、お医者さん、看護師さんたちの募金です。

あるお医者さんからのメッセージにはこうありました。

「抗がん剤治療をして、白血球の数値が落ちたときは、私たちは医療的な対処をするために動けます。でも、脱毛に関しては『いつかまた生えてきますから、今は我慢してください』としか言えませんでした。脱毛がイヤで治療を拒む人もいます。医療が手を差し伸べられない分野を、美容がサポートしてくれることは、とても嬉しく思っています」

医療用ウィッグは、抗がん剤治療に入る前に作ります。美容院で、希望の色にカラーをしたヘアスタイルのウィッグを、患者さんの頭にフィッティングしてあげると、ほとんどの患者さんはぽろぽろと涙をこぼされます。一緒につき添ってきたご家族の方も涙を流されます。

「これで安心して治療に専念できます」と言われるとき、髪は女性にとって「命」であるのだということを、ただの言葉遊びではなく実感として感じます。

医療関係者と家族以外で、人が亡くなる直前まで、その女性に寄り添っているのが美容師さんです。

亡くなる前に、最後の力を振り絞って「髪を切りたい」と訴える人は少なくありません。私の知り合いの美容師さんは、お客さまが最期の時間を美しく迎えるために、病院に車を飛ばし、カットをしたことがある、そんな人たちばかりです。


高校時代から担当していた女の子が、社会人になってすぐに、治療法のない難病にかかってしまった美容師さんを知っています。

彼は、彼女がどんどんやせていく間も、何度も病院に通って髪を切っていました。予約のとれない超売れっ子美容師さんでしたが、彼女の希望する日程だけは何をおいても駆けつけていました。

そして、あるとき「今日も来てほしい」と病室に呼ばれたとき、彼女の姿を見てこれが最後のカットだとわかったと言います。彼女がベッドの上できれいに化粧をし、パジャマではなく、おしゃれな服を着ていたからです。

高校時代から一度も「女らしく」とか、「モテたい」とか、そういう言葉を言ったことがない彼女でしたが、そのときは「絶対にかわいくしてください」と、その美容師さんに言ったそうです。

最後のカットから1週間後、彼女は息を引き取りました。


命が尽きるとき、人は、自分の人生をどのように振り返るのでしょう。私はまだ、その瞬間をリアルに想像したことはありません。

ただ、髪とは、女性にとって裸になっても常に離れず身についているもので、そして命尽きる瞬間も、ともにそこにあるものなのだと、ときどきそんなことを思います。

あなたにとって、髪が、あなた自身を象徴する大切で愛おしい存在でありますように。心から、そう願っています。

謝辞

髪に対するたくさんの質問を投げかけてくれ、原稿へのアドバイスをくださった、サンマーク出版の蓮見美帆さん、友人の両角晴香さんに、心から感謝しています。女の運命は髪で変わることを、15年間ずっと、私に見せつづけてきてくれた、全国の美容師のみなさんに、心からのリスペクトを捧げます。これからもみなさんのハサミの力が、たくさんの女性の人生を美しく導いてくれますように。

それから、この書籍の担当編集であるサンマーク出版の綿谷翔さんに。綿谷さんが編集さんじゃなければ、この本は書けませんでした。一生分のありがとうを、お伝えさせてください。

2016年4月

佐藤友美

[著者プロフィール]

佐藤友美（さとゆみ）

日本初、かつ唯一のヘアライター＆エディター。

1976年、北海道生まれ。15年の間にファッション誌やヘアカタログの「髪を変えて変身する企画」で撮影したスタイル数は4万人ぶん（約200万カット）を超える。

「美容師以上に髪の見せ方を知っている」とプロも認める存在で、セミナーや講演を聞いた美容師はのべ2万人を超え、これは全国の美容師の20人に1人の割合にあたる。

日本最大のヘアスタイルフォトコンテストの審査員をはじめ、40代からのヘアスタイル＆ヘアケア情報サイト「ユニークピース」の編集長、美容院へのカウンセリングコーチ、ヘアケア製品やスタイリング剤の商品開発アドバイザーなどもつとめ、美容業界での活動は多岐にわたる。

近年は女性向けのヘアスタイルアドバイス、その人にマッチする美容院の紹介なども手がけ、高い満足度を得ている。

女の運命は髪で変わる

2016年6月10日　初 版 発 行
2018年3月20日　第19刷発行

著　　者　佐藤友美
発 行 人　植木宣隆
発 行 所　株式会社サンマーク出版
〒169-0075 東京都新宿区高田馬場2-16-11
電話 03-5272-3166（代表）
印　　刷　三松堂株式会社
製　　本　株式会社村上製本所

ISBN978-4-7631-3563-6 C0030
ホームページ　http://www.sunmark.co.jp